MONTAIGNE

PHILOSOPHE-MORALISTE

ÉTUDE

___

MÉDITATIONS PHILOSOPHIQUES

PAR

Émile DE REY-PAILHADE

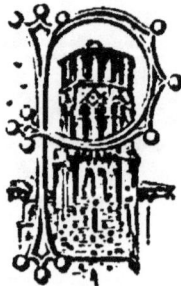

TOULOUSE

IMPRIMERIE ET LIBRAIRIE ÉDOUARD PRIVAT

14, RUE DES ARTS (SQUARE DU MUSÉE)

—

1912

MONTAIGNE

PHILOSOPHE-MORALISTE ·

MÉDITATIONS PHILOSOPHIQUES   1881

MONTAIGNE

PHILOSOPHE-MORALISTE

ÉTUDE

MÉDITATIONS PHILOSOPHIQUES

PAR

Émile DE REY-PAILHADE

TOULOUSE

IMPRIMERIE ET LIBRAIRIE ÉDOUARD PRIVAT

14, RUE DES ARTS (SQUARE DU MUSÉE)

—

1912

AVANT-PROPOS

Ne serai-je pas accusé de sotte présomption quand je viens, après tant d'excellents esprits, soumettre Montaigne et son livre immortel des *Essais* à ma critique personnelle?

Toute mon excuse est dans la diversité même des opinions qui ont été émises par les plus grandes autorités sur les points qui sont l'objet spécial de mon étude (philosophie et morale).

Ne doit-il pas être permis aux plus humbles, au milieu de ces critiques si divergentes, de chercher à s'éclairer et à se faire une opinion à soi?

Tel a été mon désir.

J'ai multiplié les citations du texte dans les parties qui m'ont paru nécessaires pour justifier mes propres appréciations, toujours avec renvoi aux éditions d'où je les ai extraites, afin que le lecteur puisse en vérifier rapidement l'exactitude et relever, au besoin, mes erreurs d'interprétation. C'est, à mon avis, la méthode la plus loyale comme la plus utile.

Les observations que j'ai empruntées à la bibliographie existante ou que j'ai tirées de mon propre fonds sont-elles justes?

Au lecteur d'en juger.

J'ai réuni à mon étude sur les *Essais* de Montaigne les *Méditations philosophiques* que j'avais déjà écrites et publiées quelques années auparavant. Ces deux publications se rattachant, dans ma pensée, au même ordre d'idées, j'ai cru devoir les rapprocher.

MONTAIGNE

PHILOSOPHE-MORALISTE

ÉTUDE

———————

M. Fortunat Strowski, professeur à l'Université de
Bordeaux, donne en ce moment, sous les auspices de
la Commission des Archives municipales de cette
ville, une nouvelle édition des *Essais*[1] de Montaigne
*publiés d'après l'Exemplaire dit de Bordeaux,
avec les variantes manuscrites et les leçons des plus
anciennes impressions, etc*[2].

1. Les renvois au texte des *Essais* visent deux éditions : la première, de Mothau et Jouaust, en sept tomes
(M. et J.); la seconde, de Louandre et Charpentier, en quatre tomes (L. et Ch.).
2. Pour la facilité de la lecture, les citations empruntées
au livre des *Essais* sont reproduites suivant l'orthographe
moderne. L'orthographe n'est que la représentation matérielle des mots; elle peut changer sans que la pensée de
l'auteur ni son style en reçoivent la moindre atteinte.

L'éminent professeur a fait précéder cette publica-
tion d'une *Étude sur Montaigne*[1] où, après avoir
inscrit son auteur dans la galerie des grands philosophes (c'est du moins l'en-tête du livre), il entre dans
sa vie privée et la fouille à fond, trie et analyse mi-
nutieusement ses pensées et s'attache à donner la raison des évolutions (disons plutôt des flottements) de
son esprit.

Cette étude complète, aussi intéressante qu'instruc-
tive, vient accroître la bibliographie déjà si nombreuse, si complexe et même si contradictoire qu'a
suscitée le livre des *Essais*.

Suivant les uns, Montaigne fut un homme de grand
sens, de grande expérience, d'un jugement sûr en
toutes choses; ce qui suppose peut-être plus de soli-
dité que d'élévation dans l'esprit.

D'autres ont considéré surtout l'écrivain supérieur
dans l'art d'intéresser et de captiver le lecteur. « Montaigne, dit M. Stapfer[2], a miraculeusement réussi à
séduire et à charmer les hommes en s'amusant à
écrire au jour le jour tout ce qui lui passait par la
tête. »

D'autres encore ont vu en lui le penseur ingénieux
et profond, touchant à tout, mais ennemi des systèmes et des vérités enchaînées. « Il n'a point, disait
Malebranche[3], de principes sur lesquels il fonde ses

1. Paris, Félix Alcan, éditeur, 1906.
2. Stapfer, *Montaigne*, 1895.
3. Malebranche, *Recherche de la vérité*.

raisonnements; il n'a pas d'ordre pour la déduction de ses principes. »

Pascal[1] enfin, qui en a tracé le portrait de main de maître et qui a cherché dans le fouillis de son œuvre la synthèse de ses doctrines, le déclare purement *pyrrhonien*.

Dans son livre, M. Strowski suit son auteur à travers les diverses phases de sa vie auxquelles il essaye de rattacher dans leurs fluctuations ses idées philosophiques, religieuses ou morales, et les règles de sa vie pratique et usuelle.

C'est ainsi qu'après l'avoir montré d'abord *enfant* et puis *jeune homme* adonné aux plaisirs et aux effervescences de son âge, mais en même temps studieux à sa façon, avide de lectures et curieux observateur des faits de l'antiquité, il le présente ensuite et successivement comme : un *stoïcien*, un *sceptique*, un *pédagogue*, un *sage* vivant avec les hommes, et finalement comme un *homme* libre.

Cette sorte de classification des divers états d'âme de notre auteur, établie dans un ordre chronologique, a quelque chose de factice qui ne paraît nullement répondre à la tournure de son esprit très primesautier, qui dissertait au jour le jour et comme au vol sur les sujets les plus divers.

« Il semble, a-t-on dit, qu'on ne parviendra jamais à épuiser la substance si riche des *Essais* et que le

---

1. Pascal, *Pensées : Entretien avec M. de Saci.*

nom de Montaigne demeurera parmi ceux que les gé-
nérations prononceront toujours avec une infatigable
admiration. Chaque siècle, en effet, a su tirer des
Essais un enseignement approprié à ses exigences;
si bien, que Montaigne apparaît comme un des plus
opportuns philosophes dont s'enorgueillit le genre
humain. Cette éternelle jeunesse qui actualise les observations de notre penseur est un fait bien caractéristique[1]. »

Fait bien caractéristique sans doute, puisqu'il permet de qualifier Montaigne de *philosophe opportun.*

Mais comment n'a-t-on pas remarqué que c'était
en même temps lui dénier tout esprit philosophique?
Comment n'a-t-on pas vu que la véritable philosophie qui, prise au sens le plus élevé du mot, doit se
tenir toujours dans les hautes régions des vérités premières auxquelles elle reste invinciblement attachée,
ne saurait être rabaissée aux mille contingences de
la vie mondaine?

Non, Montaigne ne fut pas un philosophe ainsi
compris; il n'en eut jamais les hautes aspirations; il
ne fut jamais agité de cette inquiétude des grands
penseurs qui faisait dire à Pascal « que la maladie
principale de l'homme est la curiosité inquiète des
choses qu'il ne peut savoir, et qu'il ne lui est pas si
mauvais d'être dans l'erreur que dans cette curiosité
inutile »,

1. *Revue hebdomadaire,* nº 39, 1908, p. 449.

On ne peut voir en lui qu'un psychologue mora-liste qui n'a jamais dépassé le niveau moyen de la pensée humaine, mais qui a su, par la variété de ses aperçus, la multiplicité et le choix de ses exemples, l'incontestable originalité de sa composition et de son style, faire de son livre des *Essais* un des monuments dont s'honore, à plus juste titre, la littérature fran-çaise.

Sa morale a un caractère d'opportunité qui peut dans bien des cas convenir à tous les temps, s'adapter à tous les milieux; elle tend pratiquement à rendre la vie facile et commode sans jamais s'écarter toute-fois des règles de *l'honnête* suivant le monde.

C'est, sans doute, à ce point de vue :

Que Mlle de Gournay, qui lui fut si dévouée et qu'il appelait sa fille *d'alliance* ou *d'adoption*, s'écriait : *Ce livre (le livre des* Essais*) désenseigne la sottise;*

Que le cardinal du Perron a pu dire : *que le livre des* Essais *était le bréviaire des honnêtes gens;*

Qu'encore, près d'un siècle après, la châtelaine des Rochers, qui cherchait avant tout, dans ses lectures, les plaisirs de l'esprit, écrivait : *Oh! l'aimable homme; qu'il est de bonne compagnie! C'est mon ancien ami; mais à force de m'être ancien, il m'est toujours nouveau... Mon Dieu! que son livre est plein de sens!*

La philosophie de Montaigne se maintient dans un doute perpétuel, paisible et indolent, prenant simple-ment pour devise le fameux : *Que sais-je?*

Sa morale surtout utilitaire, qui ne repose sur aucun principe fixe et qui, nous tenant aussi éloignés des grandes émotions du cœur que des troubles angoissants de l'esprit, nous enseigne à vivre honnêtement et le plus commodément possible. Les disciples de cette école ne sont pas de ceux qui se sacrifient pour leurs idées et qui les défendent au prix de leur vie. Bien au contraire. La sécurité de leur personne et le repos de leur âme peuvent quelquefois primer à leurs yeux les plus impérieux devoirs.

LE PHILOSOPHE

I

La philosophie, a dit excellemment Claude Bernard, représente l'aspiration éternelle de la raison humaine vers la connaissance de l'inconnu. Les philosophes se tiennent toujours sur les questions en controverse et dans les régions élevées, limites supérieures des sciences. Par là, ils communiquent à la pensée scientifique un mouvement qui la vivifie.

Montaigne fut-il un de ces philosophes ? Telles ne furent pas, assurément, ses tendances, les *Essais* ne répondant en aucune façon à la belle définition du célèbre *physiologiste-philosophe* français.

Il fut encore moins un homme de science, ni par goût, ni par effort, ainsi qu'il en fait l'aveu dans son chapitre *Des Livres*, qui l'a fait appeler par Villemain le grand critique du seizième siècle.

Je ne fais point de doute, écrit-il, qu'il ne m'advienne souvent de parler de choses qui sont mieux traitées chez les maîtres du métier, et plus véritablement. C'est ici purement l'essai de mes facultés naturelles, et nullement des acquises ; et qui me surprendra d'ignorance, il ne fera rien contre moi ; car, à peine répondrais-je à autrui de mes discours, qui ne m'en réponds pas à moi, ni n'en suis satisfait. Qui sera en cherche de science, si la pêche où elle se loge; il n'est rien de quoi je fasse moins de profession[1].

Plus loin, il ajoute :

Je souhaiterais avoir plus parfaite intelligence des choses; mais je ne la veux pas acheter si cher qu'elle coûte. Mon dessein est de passer doucement et non laborieusement, ce qui me reste de vie; il n'est rien pourquoi je me veuille rompre la tête, non pas pour la science de quelque grand prix qu'elle soit. Je ne cherche aux livres qu'à m'y donner du plaisir par un honnête amusement, ou, si j'étudie, je n'y cherche que la science qui traite de la connaissance de moi-même et qui m'instruise à bien mourir et à bien vivre[2].

Si cet état d'esprit est celui d'un sage, ainsi que le pense M. Strowski qui idéalise peut-être un peu trop son auteur, ce n'est pas assurément celui d'un philosophe. Aussi écrit-il à la page 16 de son livre : « Montaigne, certes, ne veut pas être, n'est pas un philosophe. Au mal qu'il dit des faiseurs de systèmes, on voit bien qu'il serait peu flatté d'être de leur compagnie. »

Toutefois, il a cru devoir aborder directement et traiter à fond deux sujets éminemment philosophiques : *La Religion et la Foi catholique. La Pensée de la mort.*

Raymond de Sebonde ou Sebond, né à Barcelone, devenu professeur de théologie et de médecine à Toulouse où il mourut en 1432, avait écrit un livre

1. Édit. M. et J., t. III, p. 117; L. et Ch., t. II, p. 207.
2. Édit. M. et J., t. III, p. 120; L. et Ch., t. II, p. 209.

intitulé : *Theologia naturalis sive liber creatura-*
rum, magistri Raimondi de Sebonde.

Dans cet ouvrage, dont le titre marque bien la
pensée fondamentale (*Theologia naturalis*), l'auteur,
de l'étude de la nature et du spectacle de l'univers
s'élevait à l'idée d'une cause première, d'un Dieu
créateur et souverain ordonnateur de toutes choses,
ce qui est tout à la fois du domaine de la théologie
et de la philosophie rationaliste. Mais il allait plus
loin et prétendait encore prouver par des raisons du
même ordre les dogmes et mystères de notre religion,
tels que : la Trinité, le Péché originel, l'Incarnation,
la Rédemption, etc.

Pierre Bunel, homme de grand savoir, s'étant un
jour arrêté en visite au château de Montaigne, laissa
entre les mains de M. de Montaigne père, en le lui
recommandant vivement, le livre de Sebonde qui
était, suivant l'auteur des Essais : *basti d'un espa-*
gnol baragouiné en terminaisons latines.

Pour répondre au désir de son père, celui-ci en fit
une traduction française qui fut publiée en 1559 sous
le titre :

> *Théologie de Raymond de Sebonde, docteur*
> *excellent entre les modernes, en laquelle par*
> *ordre de nature, est démontrée la vérité de la*
> *Foy chrétienne et catholique, traduite nou-*
> *vellement de latin en français.*

> *A Monsieur de Montaigne le père.*

2

La dernière partie du livre de Sebonde s'appliquant à la démonstration rationnelle des mystères que la raison humaine, par un élan de l'âme, peut admettre sans en avoir la certitude scientifique, fut critiquée,

Par les uns, qui estimaient vain et dangereux de vouloir soumettre à l'examen de la raison ce qui relevait exclusivement de la révélation et de la foi;

Par d'autres, qui trouvaient faibles et sans valeur les prétendues preuves de Sebonde.

Montaigne, sollicité, croit-on, par Marguerite de Valois, première femme d'Henri IV, écrivit l'apologie qui fait l'objet du chapitre xii du livre II des *Essais*, dont il indique le but :

Parce que, dit-il, beaucoup de gens s'amusent à le lire (le livre de Sebonde traduit) et notamment les dames, à qui nous devons plus de services, je me suis trouvé souvent à même de les secourir pour décharger leur livre de deux principales objections qu'on lui fait. Sa fin est hardie et courageuse; car il entreprend par raisons humaines et naturelles d'établir et vérifier contre les athéistes tous les articles de la religion chrétienne, en quoi, à dire la vérité, je le trouve si ferme et si heureux, que je ne pense point qu'il soit possible de mieux faire en cet argument-là, et crois que nul ne l'a égalé [1].

Voyons comment Montaigne a essayé de justifier son auteur.

Les hauts mystères de notre religion sont du domaine exclusif de la foi et échappent à l'examen rigoureux de la raison critique. Mais quels sont les

1. Édit. M. et J., t. III, p. 173; L. et Ch., t. II, p. 257.

signes extérieurs de cette foi qu'éclaire une lumière surnaturelle et qui peuvent captiver la froide raison elle-même? L'âme humaine ne reste pas toujours courbée sur le champ des expériences sensibles; elle ne vit pas constamment enchaînée dans les liens d'une logique inflexible d'école. Elle a son indépendance supra-terrestre, ses aspirations (c'est là son honneur) qui l'emportent vers ce monde de l'Inconnu où elle croit apercevoir les lieux consolants ou redoutables de sa destinée finale : lueurs d'espérance ou de crainte dont elle ne peut détourner sa vue et qui deviennent, symboles ou dogmes, le fondement de ses croyances. Il ne suffit pas à l'homme d'avoir des aspirations religieuses plus ou moins vagues; il lui faut encore une religion, c'est-à-dire un corps de doctrine et de morale qui le fixe, et un culte qui le retient dans des pratiques déterminées et nécessaires.

Or, notre religion parle à l'esprit par la profondeur de ses dogmes, au cœur par la pureté de sa morale et ses admirables œuvres, à l'imagination et aux sens par la majesté et les pompes de son culte. Elle saisit l'homme tout entier pour l'élever de la terre au ciel! C'est ici, la foi qui exalte, la raison qui acquiesce et fortifie et qui, l'une et l'autre, se donnent la main pour monter à l'échelle mystique de nos destinées.

« Entre la raison et la foi, dit M Hanotaux dans son récent livre sur Jeanne d'Arc, l'esprit humain doit-il nécessairement prendre parti?... Entre la raison et la foi, il n'y a ni contradiction ni combat nécessaire. Il est d'une très haute raison d'accepter la foi, et la foi fait sans cesse appel à la raison; selon la formule scolastique, la foi cherche l'intelligence, et l'intelligence trouve la foi[1]. »

Il est curieux de voir ce que pense Montaigne de ce double fondement de nos croyances religieuses.

La foi qu'il semble tout d'abord nous proposer comme la *vision surnaturelle* des vérités devant lesquelles la raison humaine n'a qu'à s'incliner, va-t-il multiplier les exemples des œuvres qu'elle a enfantées et des vertus surhumaines dont elle a donné le spectacle au monde, révélant ainsi l'excellence de sa doctrine et la force divine qui l'inspire et la soutient?

Bien loin de là.

Montaigne est l'homme du doute systématique qu'il pousse jusqu'à l'absurde. Il traite la foi comme il fera bientôt de la raison elle-même.

Il faut ici le laisser parler :

Si la foi[2] n'entre chez nous par une infusion extraordinaire; si elle y entre non seulement par discours, mais encore par moyens humains, elle n'y est pas en sa dignité ni en sa splendeur, et certes je crains pourtant que nous ne la jouissions que par cette voie. Si nous tenions à Dieu par l'entremise d'une foi vive; si nous tenions à Dieu par lui, non par nous; si nous avions un pied et un fondement divin : les occasions humaines n'auraient pas le pouvoir

1. *Revue hebdomadaire*, 1911, nº 37, p. 307.
2. M. et J., t. III, p. 175; L. et Ch., t. II, p. 260.

de nous ébranler comme elles ont... Si nous avions une seule goutte de foi, nous remuerions les montagnes de leur place, dit la sainte parole : nos actions qui seraient guidées et accompagnées de la divinité, ne seraient pas simplement humaines; elles auraient quelque chose de miraculeux comme notre croyance[1]... Je vois cela évidemment que nous ne prêtons volontiers à la dévotion que les offices qui flattent nos passions... Notre religion est faite pour extirper les vices, elle les couvre, les nourrit, les incite[2].

Montaigne a-t-il voulu faire douter de la vraie foi, de la foi catholique sincère? On ne saurait aller jusque-là, bien qu'il ne la possédât pas lui-même. Mais l'a-t il, tout au moins, montrée dans son vrai jour, « dans toute sa splendeur et dignité »; notamment sur cette chaire pontificale qui, d'institution divine, doit en être la gardienne fidèle et vigilante, au sein de cette cour romaine où elle devrait resplendir comme au foyer de toutes les vertus chrétiennes?

Non, il signale, au contraire, avec une complaisance visible, la corruption et les débordements de mœurs qui s'y étalent au grand jour; en sorte qu'en donnant la foi comme l'expression d'un sentiment exalté et surnaturel, il la ruine en ne parlant que de ses défaillances, sans mettre en relief ses œuvres vives de lumière[3].

1. M. et J., t. III, p. 177; L. et Ch., t. II, p. 262.
2. M. et J., t. III, p. 180; L. et Ch., t. II, p. 264.
3. Dans le journal de son voyage hors de France, Montaigne raconte qu'il assista, le jour de Noël, à la messe du Pape, « cérémonie plus magnifique que dévotieuse », pen-

Toutes autres apparences, dit-il, sont communes à toutes religions : espérance, confiance, événements, cérémonies, pénitence, martyres : la marque particulière de notre vérité devrait être notre vertu[1].

On a vu ce qu'il en pensait.

Et la raison ?

Dans la série des êtres organisés qui vivent sur la terre, l'homme occupe incontestablement le premier rang, non seulement par son organisation physique, mais aussi et surtout par ses facultés intellectuelles : conscience et raison, où il puise les règles de sa vie; intelligence, industrie, qui lui permettent, dans la mesure du possible, de plier à ses besoins ou à ses fantaisies tout ce qui l'entoure : choses et animaux.

Tel est l'homme à la raison duquel Montaigne fait appel pour, dit-il, *embellir, étendre et amplifier* la foi :

C'est la foi seule qui embrasse vivement et certainement les hauts mystères de notre religion; mais ce n'est pas à dire que ce ne soit une très belle et très louable entreprise d'accommoder encore au service de notre foi les outils naturels et humains que Dieu nous a donnés; il ne faut pas douter que ce ne soit l'usage le plus honorable que nous leur saurions donner, et qu'il n'est occupation ni dessein plus digne d'un homme chrétien, que de viser par toutes ses études et pensement à *embellir, étendre* et *amplifier* la vérité de sa créance[2].

Pensée très juste, assurément; mais notre auteur

dant laquelle le Saint-Père bavardait avec les cardinaux. (V. Stapfer, p. 45.)

1. M. et J., t. III, p. 177; L. et Ch., t. II, p. 261.
2. M. et J., t. III, p. 175; L. et Ch., t. II, p. 259.

ne semble-t-il avoir, plus loin, voulu porter un nouveau coup à la foi catholique elle-même, et incliner vers une religion purement rationaliste, lorsqu'il écrit :

De toutes les opinions humaines et anciennes touchant la religion, celle-là me semble avoir eu plus de vraisemblance et plus d'excuse qui reconnaissait Dieu comme une puissance incompréhensible, origine conservatrice de toutes choses, toute bonté, toute perfection, recevant et prenant en bonne part l'honneur et la révérence que les humains lui rendaient *sous quelque visage, sous quelque nom, et en quelque manière que ce fût*[1].

Étrange philosophie, soit dit en passant, que celle qui tend à autoriser et légitimer tous les cultes, même les plus immondes et les plus criminels!

Et, cette raison humaine dont il invoque le secours au soutien de la foi, il l'avilit au-delà de toute expression, de toute vraisemblance, sous prétexte :

de froisser et fouler aux pieds l'orgueil et l'humaine fierté; et de leur faire sentir l'inanité, la vanité et dénéantise de l'homme[2].

Rabattre l'orgueil de l'homme, le ramener à la saine intelligence des choses et de ses propres forces, c'est de la bonne philosophie; mais le rabaisser presque au niveau de la bête dans sa personne physique, et tenir pour absolument vaines son intelligence et sa raison, n'était-ce pas détruire l'homme tout entier et marcher à l'encontre du but que semblait se pro-

---

1. M. et J., t. IV, p. 6; L. et Ch., t. II, p. 387.
2. M. et J., t. III, p. 187; L. et Ch., t. II, p. 272.

poser notre auteur, c'est-à-dire l'alliance utile de la foi et de la raison?

Considérons donc, dit-il, pour cette heure l'homme seul, sans secours étranger, armé seulement de ses armes, et dépourvu de la grâce et connaissance divine, qui est tout son honneur, sa force et le fondement de son être; voyons combien il a de tenue en ce bel équipage... La présomption est notre maladie naturelle et originelle... C'est par la vanité de cette même imagination qu'il s'égale à Dieu, qu'il s'attribue les conditions divines, qu'il se trie soi-même et sépare de la presse des autres, taille les parts aux animaux ses *confrères* et *compagnons*, et leur distribue telle portion de facultés et de forces que bon lui semble [1].

S'il est vrai que la raison humaine, qui ne connaît pas et ne peut connaître le *secret de la vie* des animaux, va trop loin lorsque, répugnant à les considérer comme des *confrères* et des *compagnons* [2], elle la réduit à un simple mécanisme absolument inconscient qu'elle appelle *instinct*, Montaigne, par une exagération contraire et qui dépasse toute mesure, relève ridiculement la bête et la met, non pas au-dessus, mais presque au niveau de l'homme.

Faut-il le suivre au milieu de ce fatras d'anecdotes et d'exemples de toutes sortes qu'il a puisés, à pleines mains et sans aucune critique dans ses lectures, et

1. M. et J., t. III, p. 189; L. et Ch., t. II, pp. 274-279.
2. Saint François d'Assise appelait, il est vrai, les animaux *ses frères*, parce qu'ils étaient des créatures de Dieu et qu'il était lui-même animé d'un grand élan de charité pour tout être vivant. La pensée de Montaigne n'a rien de commun avec l'admirable simplicité de cœur du saint.

qu'il multiplie à satiété pour justifier en apparence une thèse dont il ne croyait pas au fond le premier mot? C'est ce qu'a fait très judicieusement observer la logique de Port-Royal.

« Une personne intelligente, y lit-on, ne soupçonnera jamais Montaigne d'avoir cru toutes les rêveries de l'astrologie judiciaire ; *cependant, quand il en a besoin pour rabaisser sottement les hommes,* il les emploie comme de bonnes raisons... Veut-il détruire l'avantage que les hommes ont sur les bêtes?... Il nous rapporte des contes ridicules, et dont il connaît l'extravagance mieux que personne... Son dessein n'était pas de parler raisonnablement, mais de faire un amas confus de tout ce qu'on peut dire contre les hommes : ce qui est néanmoins un vice très contraire à la justesse de l'esprit et à la sincérité d'un homme de bien[1]. »

A cette critique si pleine de sens, j'ajouterai la reproduction d'un passage des *Essais,* qui montre jusqu'à quel degré de trivialité peut descendre Montaigne quand il veut décrier l'homme à tort et à travers.

On connaît le beau portrait qu'en a fait Ovide au début de ses *Métamorphoses* (v. 84 à 86) :

Pronaque quum spectent animalia cætera terram
Os homini sublime dedit, cælumque tueri
Jussit, et erectos ad sidera tollere vultus[2].

---

1. *Du sophisme d'amour, d'intérêt et de passion,* n° 9.
2. « Tandis que les autres animaux ont la face courbée vers la terre, il éleva le front de l'homme, lui ordonna de

Montaigne, qui ne veut voir dans ce portrait qu'une figure purement poétique dont il faut beaucoup rabattre, selon lui, affecte de ne pas comprendre la haute pensée philosophique qui s'en dégage.

Cette prérogative, dit-il, que les poètes font valoir de notre stature droite, regardant vers le ciel son origine, elle est vraiment poétique; car il y a plusieurs bestioles qui ont la vue renversée tout à fait vers le ciel; et l'encolure des *chameaux* et des *autruches*, je la trouve encore plus relevée et droite que la nôtre. Quels animaux n'ont la face en haut, et ne l'ont devant, et ne regardent vis-à-vis comme nous, et ne découvrent en leur juste posture, autant du ciel et de la terre, que l'homme? Et quelles qualités de notre corporelle constitution, en Platon et en Cicero, ne peuvent servir à mille sortes de bêtes? Celles qui nous retirent le plus, ce sont les plus laides et les plus abjectes de toute la bande; car, pour l'apparence extérieure et forme du visage, ce sont les magots :

Simia quam similis, turpissima bestia, nobis[1]*!*

pour le dedans et parties vitales, c'est le pourceau. Certes, quand j'imagine l'homme tout nu, oui, en ce sexe qui semble avoir plus de part à la beauté, ses tares, sa sujétion naturelle, et ses imperfections, je trouve que nous avons eu plus de raison que nul autre animal de nous couvrir[2].

Voilà, il faut en convenir, une satire de l'homme aussi fausse que banale sur laquelle il n'y pas lieu d'insister.

Mais Montaigne ne s'attarde pas plus longtemps auprès de ce type humain commun qu'il vient de dé-

contempler les cieux et de fixer ses regards sur les astres. » (Traduction de Gros.)

1. « Combien le singe, cette bête immonde, ne nous ressemble-t-il pas! »

2. M. et J., t. III, p. 250; L. et Ch., t. II, p. 335.

crire, ce *profanum vulgus* qu'il méprise autant que le poëte latin. Il fait une sélection et étudie l'homme qui s'élève au-dessus de ses semblables par la force de son génie et la haute culture de ses facultés exceptionnelles.

> Laissons là, dit-il, le peuple,
>> *qui vigilans stertit,*
> *Mortua cui vita est prope jam, vivo atque videnti* [1].

qui ne sent point, qui ne se juge point, qui laisse la plupart de ses facultés naturelles oisives; je veux prendre l'homme en sa plus haute assiette. Considérons-le en ce petit nombre d'hommes excellents et triés, qui, ayant été doués d'une belle et particulière force naturelle, l'ont encore raidie et aiguisée par soin, par étude et par art; et l'ont montrée au plus haut point de sagesse où elle puisse atteindre [2].

Notre auteur se met ici en face de cette raison humaine, libre, pleine, entière, curieuse de toutes choses, avide de science et des vérités premières qui sont le suprême but de ses efforts; tantôt cherchant le vrai absolu à travers les analyses les plus subtiles et les plus ardues; tantôt planant par un magnétique élan de génie dans les régions les plus hautes de la pensée; toujours noble dans ses desseins, même quand elle est dans la voie de l'erreur; enrichissant constamment le trésor de nos connaissances qui deviennent le ferme point d'appui de nouvelles découvertes.

1. « Qui dort en veillant, dont la vie est presque la mort, quoiqu'il vive et qu'il voie. » (*Lucrèce*, III, v. 1059, 1061.)
2. M. et J., t. III, p. 281; L. et Ch., t. II, p. 367.

Au milieu de ces esprits d'élite, Montaigne se sent en bonne compagnie ; il s'y complaît, non pas certes pour les ménager, tant s'en faut, mais pour y exercer son propre esprit, pour discuter, pour combattre et mettre tout en doute.

Plus cette raison humaine qui constitue notre dignité s'affirme et tend à s'élever, plus il prend à tâche de la mater et de lui contester toute valeur de raisonnement. Il la foule aux pieds et revient par un circuit évident au méprisable troupeau humain. Est-ce pour le relever par la foi ? Assurément non, puisque dans le même chapitre il déclare qu'il fallait attribuer la longue existence supposée des habitants du Brésil récemment découvert

à la tranquillité et sérénité de leur âme, déchargée de toute passion, pensée et occupation tendue et déplaisante ; comme gens qui passaient leur vie en une admirable simplicité et ignorance, *sans lettres, sans loi, sans roi, sans religion quelconque*[1].

Mais revenons aux philosophes que Montaigne oppose les uns aux autres pour montrer la confusion et l'inanité de leurs disputes. Il met en présence :

Les dogmatiques, qui affirment avoir trouvé la vérité absolue ou tout au moins pouvoir y atteindre ;

Les sceptiques purs, qui, la considérant comme inaccessible à la raison humaine, renoncent à la chercher et nient ce que les premiers affirment ;

Les pyrrhoniens, sceptiques d'un autre genre,

---

1. M. et J., t. III, p. 265 ; L. et Ch., t. II, p. 349.

qui la cherchent toujours, mais, ne la trouvant jamais, restent dans un doute perpétuel.

Ceux-ci, dit Montaigne, jugent que ceux-là qui pensent l'avoir trouvée se trompent infiniment, et qu'il y a encore de la vanité trop hardie en ce second degré qui assure que les forces humaines ne sont pas capables d'y atteindre[1].

Montaigne, dont les tendances vers le pyrrhonisme ne peuvent être mises en doute, n'acceptait cependant ni la devise rigoriste de cette école : *Non liquet, nil potius,* à laquelle il substituait la formule plus adoucie : Que sais-je? Ni sa dialectique extravagante dont il a tracé un piquant tableau qui mérite d'être reproduit :

car, ils (les pyrrhoniens) débattent d'une bien molle façon; ils ne craignent point la revanche à leur dispute : quand ils disent que le pesant va contrebas, ils seraient bien marris qu'on les en crût, et cherchent qu'on les contredise pour engendrer la dubitation et surséance de jugement, qui est leur fin. Ils ne mettent en avant leurs propositions que pour combattre celles qu'ils pensent que nous ayons en notre créance. Si vous prenez la leur, ils prendront aussi volontiers la contraire à soutenir. Tout leur est un, ils n'y ont aucun choix. Si vous établissez que la neige soit noire, ils argumentent au rebours qu'elle est blanche; si vous dites qu'elle n'est ni l'un ni l'autre, c'est à eux à maintenir qu'elle est tous les deux; si, par certain jugement, vous tenez que vous n'en savez rien, ils vous maintiendront que vous le savez : oui; et si, par un axiome affirmatif, vous assurez que vous en doutez, ils vous iront débattant que vous n'en doutez pas, ou que vous ne pouvez juger et établir que vous en doutez. Et par cette extrémité de doute, qui se secoue soi-même, ils se séparent et se divisent de plusieurs opinions, de celles mêmes qui ont

1. M. et J., t. III, p. 282; L. et Ch., t. II, p. 369.

maintenu en plusieurs façons le doute et l'ignorance[1].

..... Leurs façons de parler sont : *Je n'établis rien : il n'est non plus ainsi qu'ainsi ou que ni l'un ni l'autre : je ne le comprends point, les apparences sont égales partout : la loi de parler et pour et contre est pareille; rien ne semble vrai qui ne puisse sembler faux.* Leur mot sacramentel, c'est ἐπέχω c'est-à-dire : *Je soutiens, je ne bouge...*

..... Ils se servent de leur raison pour enquérir et pour débattre, mais non pour arrêter et pour choisir. Quiconque imaginera une perpétuelle confession d'ignorance, un jugement sans preuve et sans inclination, à quelque occasion que ce puisse être, il conçoit le pyrrhonisme[2].

Il était facile, dans cette grande mêlée des opinions humaines sur des matières naturellement obscures, mais que la raison éveillée veut pénétrer et comprendre, de montrer les mille sectes philosophiques qui ont divisé le monde, se heurtant, se combattant et cherchant à se détruire les unes les autres. C'est ce qu'a fait Montaigne avec une verve intarissable dans un tableau qui est, selon moi, la partie la plus brillante de son apologie de Sebonde, après quoi il s'écrie triomphant :

Fiez-vous à votre philosophie; vantez-vous d'avoir trouvé la fève au gâteau, à voir ce tintamarre de tant de cervelles philosophiques[3].

Mais comment n'a-t-il pas compris ou affecté de ne pas comprendre que la raison critique ne doit pas se borner à combattre et détruire des erreurs longtemps

1. M. et J., t. III, p. 284 et suiv.; L. et Ch., t. II, p. 370 et s.
2. M. et J., t. III, p. 287; L. et Ch., t. II, p. 373.
3. M. et J., t. IV, p. 10; L. et Ch., t. p. 392.

accréditées par l'ignorance; qu'elle doit encore, et c'est là son but réellement utile, tendre à en dégager les vérités qu'elles peuvent cacher ou obscurcir? Et bien loin d'exciter l'esprit humain à cette recherche, il la juge non seulement inutile et vaine, mais même pernicieuse.

S'il en est ainsi, dit-il, que lui seul (l'homme), de tous les animaux, ait cette liberté d'imagination et de dérèglement de pensées, lui représentant ce qui est, ce qui n'est pas, et ce qu'il veut, le faux et le véritable; c'est un avantage qui lui est bien cher vendu, et duquel *il a bien peu à se glorifier;* car, de là naît la principale source des maux qui le pressent : péché, maladie, irrésolution, troubles, désespoir[1].

La plus fausse de toutes les philosophies, a dit Vauvenargues, est celle qui, sous prétexte d'affranchir les hommes des embarras des passions, leur conseille l'oisiveté, l'abandon et l'oubli d'eux-mêmes.

Dans la vie, il ne s'agit pas uniquement d'être heureux, il s'agit de marcher vers la perfection, ce qui implique un effort, une lutte, et la souffrance qui peut en être la suite. Or, suivant la pensée profondément philosophique de Renan : *Tous les hommes ont droit à la noble souffrance*[2] !

1. M. et J., t. III, p. 206; L. et Ch., t. II, p. 292.
2. « L'homme est fait pour l'inquiétude; c'est la loi de sa nature intellectuelle et sentimentale. Toute vérité est une vue sur de nouveaux problèmes, toute joie est un arrêt dans la souffrance ou dans la lutte. Nulle part, le repos n'est permis. Le doute naît vite de la certitude pour deve-

En voilà assez, ajoute enfin Montaigne, pour vérifier que l'homme n'est non plus instruit de la connaissance de soi en la partie corporelle qu'en la partie spirituelle. Nous l'avons proposé lui-même à soi ; et sa raison à sa raison, pour voir ce qu'elle en dirait. Il me semble avoir montré combien peu elle s'entend en elle-même ; et qui ne s'entend en soi, en quoi se peut-il entendre [1] ?

Après cela, que reste-t-il de la *Theologia naturalis* de Sebonde, qui avait pour but de prouver non seulement l'existence de Dieu par des raisons empruntées à l'ordre universel des choses, ce qui était de la très saine philosophie, mais encore de déduire du même ordre de preuves les vérités surnaturelles de notre religion ; en quoi, comme le dit très bien Montaigne, *sa fin était hardie et courageuse.*

L'apologie de commande qu'il en a faite en rhéteur sceptique qu'il était alors ressemble à un simple jeu d'esprit ; car, allant à l'encontre du but qu'il se proposait en apparence, il détruit de fond en comble l'œuvre de son auteur, et sape même les fondements de toute croyance.

Quelle impression doit-il rester de cette lecture, si

nir un stimulant, un motif à de nouveaux efforts, et de la joie, le poète l'a dit, naît l'amertume. » (Emmanuel Ducassé, *Réflexions*, Revue des Pyrénées, 2e trim. 1909, p. 244.)

1. M. et J., t. IV, p. 80 ; L. et Ch., t. II, p. 465.

2. Dans son apologie de Raymond Sebonde, Montaigne copie des pages entières d'un livre de Cornélius Agrippa, auteur sceptique, qui a pour titre : *Déclamation sur l'incertitude, vanité et abus des sciences* (v. Strowski, p. 130).

ce n'est, comme l'a écrit Sainte-Beuve : *celle d'un scepticisme exorbitant et d'une méthode de grand tour pour arriver ?*

Au chapitre XIX, livre I, intitulé : *Philosopher, c'est apprendre à mourir,* Montaigne traite un sujet qui relève très directement de la philosophie rationnelle autant que de la théologie. Car, pour apprendre à mourir, il faut savoir ce que c'est que la mort; et pour savoir ce que c'est que la mort de l'homme, il faut connaître l'homme tout entier dans sa double nature : corporelle et spirituelle, ou tout au moins le rechercher, ce qui est le premier et le plus important objet de la philosophie.

Aucun problème, certes, ne nous intéresse aussi vivement que celui qui naît de cette pensée; car il n'est point admissible que l'homme qui a vécu et par la chair et par l'esprit ne se demande pas ce que va devenir après la destruction de son corps *ce moi intellectuel et moral* qui constitue la dignité de sa vie. Qu'est-ce, en somme, que la mort? Est-ce l'anéantissement complet de notre *être,* c'est-à-dire le néant pour nous? le néant, la mort éternelle après ce trait de lumière que nous appelons la vie et qui n'aurait apparu qu'un instant de raison dans le temps, comme ces feux qui sortent des profondeurs du ciel pour s'éteindre presque aussitôt? Cette vie humaine, pleine de troubles et d'agitations, serait-elle privée de toute sanction finale et par conséquent de toute moralité?

Et le philosophe, s'il peut en exister de cette sorte, n'aurait-il d'autre souci, ainsi que l'entend notre auteur, que de s'appliquer à bien mourir sans porter sa pensée vers l'*au-delà*, c'est-à-dire à bien jouer le dernier acte de la comédie?

Quelle philosophie!

Le tableau est-il chargé? Montaigne, qui a abordé ce formidable problème, s'est montré, il faut le reconnaître, tout à fait au-dessous de son sujet, à moins que, répudiant les doctrines spiritualistes de l'antiquité qu'il connaissait bien et les larges horizons de la religion à laquelle il appartenait, il n'ait voulu se maintenir très intentionnellement sur le terrain d'un matérialisme exclusif.

Qu'est-ce donc que cette mort dont la pensée doit être comme la *régulatrice* de notre vie morale? Devons-nous l'envisager avec indifférence ou même la braver? Nous est-il permis d'en anticiper l'événement par le suicide? Idées évidemment connexes et bien dignes d'arrêter les méditations d'un philosophe.

Si Pascal a pu dire que Montaigne met toutes choses dans un doute universel et général et que par là il se montre *pur pyrrhonien;* il faut aller plus loin, dans cette question de la mort et le déclarer franchement matérialiste.

On lit dans Cicéron[1], qui fut l'éloquent messager

1. *Quest. Tusc.*, liv. I, ch. xxx.

des doctrines philosophiques de l'antiquité : « *Tota enim philosophorum vita, ut ait idem* (Socrate) *commentatio mortis est*[1]. »

Cette pensée large et profonde est empruntée au *Phedon* de Platon, dont le texte est celui-ci : Τὸ μελέτημα αὐτὸ τοῦτό ἐστι τῶν φιλοσόφων, λύσις καὶ χωρισμὸς ψυχῆς, ἀπὸ σώματος[2].

Remarquons combien cette méditation constante de la mort est relevée, poétisée, rendue consolante et en quelque sorte divinisée par le discours que l'illustre fondateur de l'ancienne Académie met dans la bouche de Socrate le matin même du jour où il devait boire la ciguë. Se raidit-il? Va-t-il avec ostentation braver la mort? Oh! certes non! Son calme est celui d'un sage; sa sérénité d'esprit celle d'un juste; sa foi dans l'*au-delà* celle d'un philosophe profondément spiritualiste. La mort, pour lui, est une séparation de l'âme d'avec le corps : du corps qui tombe en dissolution et revient à la terre dont il était pétri; tandis que l'âme, affranchie de son lien terrestre, si elle a vécu dans la pureté,

va vers ce qui est semblable à elle, l'invisible, le divin, l'immortel, la raison; là elle jouit du bonheur, délivrée de l'erreur, de la folie, des craintes, des désirs farouches, de

---

1. « Toute la vie des philosophes, comme le dit Socrate, est une méditation continuelle de la mort. » (*Quest. Tusc.*, liv. I, chap. xxx.)

2. « Toute l'étude des philosophes doit avoir pour objet le moment où l'âme affranchie et libérée se séparera du corps auquel elle était attachée. »

tous les maux de l'humanité; et, comme on le dit des initiés, elle passe vraiment avec les dieux toute l'Eternité[1].

Montaigne, chrétien catholique, n'ignorait pas la
doctrine spiritualiste de l'Académie sur la pensée de
la mort. Il la répudie très volontairement et très
sciemment, ainsi que la vérité fondamentale de sa
propre religion.

Tout meurt avec le corps et rien n'est plus vain que de
détourner la vue du présent pour nous préoccuper de ce
qui sera : *voire quand nous ne serons plus*[2].

Il cite, en se l'appropriant, nul doute, cette pensée
de Sénèque :

> *Quæris, quo jaceas, post obitum, loco?*
> *Quo non nata jacent*[3].

Au chapitre XL du livre I, il affirme et précisé
mieux sa pensée en face d'un docteur de l'Église :

Ce que nous disons craindre principalement en la mort,
c'est la douleur, son avant-coureuse coutumière. Toutefois,
s'il faut en croire un saint Père : *Malam mortem non
facit, nisi quod sequitur mortem*[4], et je dirais encore plus
vraisemblablement que ni ce qui va devant ni ce qui vient
après n'est des appartenances de la mort[5].

----

1. PLATON, *Le Phédon*, pp. 860-830. Traduction par
Georges Dalmeyda. Extraits, p. 49.

2. M. et J., t. I, p. 15; L. et Ch., t. I, p. 16.

3. « Veux-tu savoir où tu seras après la mort? Là où
sont les choses qui ne sont pas encore nées. » — M. et J.,
t. I, p. 24; L. et Ch., t. I, p. 26.

4. « Il n'y a que ce qui suit la mort qui la rend redoutable » (S. Augustin, *De Civitate Dei*, I, II.)

5. M. et J., t. I, p. 71; L. et Ch., t. I, p. 390.

Et quand il a ainsi affranchi la conscience humaine de toutes préoccupations extra-terrestres et qu'il ramène toute la pensée de la mort à cette sentence d'un ancien philosophe : *Emori nolo, sed me esse mortuum nihili æstimo*, la préparation à la mort se réduit chez lui à une simple hygiène physiologique dont il faut lui laisser exposer la méthode :

Si c'était, dit-il, un ennemi qui se peut éviter, je conseillerais d'emprunter les armes de la couardise ; mais puisqu'il ne se peut, puisqu'il nous attrape en fuyant et poltron aussi bien qu'honnête homme et que nulle trempe de cuirasse ne vous couvre, apprenons à le soutenir de pied ferme et à le combattre ; et pour commencer à lui ôter son plus grand avantage contre nous, prenons voie toute contraire à la commune ; ôtons-lui l'étrangeté, pratiquons-le, accoutumons-le, n'ayant rien si souvent en la tête que la mort ; à tous instants représentons-la à notre imagination et en tous visages : au broncher d'un cheval, à la chute d'une tuile, à la moindre piqûre d'épingle, remâchons soudain : « Eh bien ! quand ce serait la mort même ! » Et là-dessus, raidissons-nous et nous efforçons[1].

Voilà tout l'enseignement de Montaigne sur cette grave question de la mort qu'aucun homme qui pense et qui s'interroge sérieusement ne peut envisager sans un trouble profond de l'âme ; ici, nulle idée morale. C'est, en somme, la lutte ou si l'on préfère une sorte de *braverie* de l'homme physique en face de l'événement final qui doit le terrasser.

Quand Montaigne, qui affectait de se tenir systématiquement éloigné des doctrines spiritualistes, ne voulait voir que la vie terrestre et rien au delà, était-il

1. M. et J., t. I, p. 117 ; L. et Ch., t. I, p. 94.

bien sincère? Ne faut-il pas croire qu'il n'était que l'écho des idées stoïciennes qu'il exposait avec une sorte d'ostentation bien qu'il vécût dans un milieu et un temps où elles devaient avoir peu de cours?

M. Strowski croit à sa sincérité et lui refuse toute religion et toute foi pendant cette période de sa vie.

> Montaigne, dit-il (pp. 110 et 111) se dit catholique. Cependant la mort n'a aucun sens mystique pour lui. Lorsque en esprit il l'affronte, il ne se demande même pas si elle est suivie d'une autre vie et ce que sera cette autre vie. La souffrance, à ses yeux, c'est la souffrance; rien de plus, rien de moins. Et quant aux motifs du détachement qu'il pratique, ils n'ont rien de religieux; ils sont absolument laïques. Eh bien! à ce moment, où il est de cette sorte stoïcien, Montaigne n'a point de foi... Il a fallu à Montaigne un effort et un dessein prémédité pour découronner le stoïcisme et le réduire à une sorte de médecine empirique. Disons le vrai : Montaigne, à cette époque, n'avait point de religion.

Ajoutons, que l'esprit véritablement philosophique qui cherche sans cesse, et qui veut constamment s'élever dans l'ordre des vérités premières, lui faisait complètement défaut.

La façon dont il va traiter la question du suicide, qui se rattache si étroitement à celle de l'immortalité de l'âme et des peines ou des récompenses futures, en est la meilleure preuve.

Le suicide est-il, oui ou non, légitime? Doit-on l'absoudre ou le condamner?

Si tout périt avec le corps, cet acte en soi devient absolument indifférent; car, l'homme qui brise volontairement les liens qui l'attachent à la terre échappe à toute juridiction terrestre ou divine. Aucune sanction pénale ne peut l'atteindre; on ne frappe pas le néant!

Dans l'hypothèse contraire, il faut se demander si Dieu, de qui nous tenons l'existence, nous permet d'en disposer selon notre caprice, et si nous n'aurons pas à répondre devant lui de ce dernier acte de notre vie, comme de notre vie entière.

Montaigne, je l'ai déjà dit, est chrétien-catholique de nom; il vit dans un milieu chrétien-catholique ou dissident, et si la philosophie chrétienne est bien réellement la sienne, il ne doit pas hésiter à réprouver le suicide.

Mais on vient de voir à quel point de vue exclusivement matérialiste il envisageait la mort, et si pour ne pas blesser trop ouvertement la conscience universelle il n'absout pas le suicide, il ne le condamne pas non plus, se bornant à mettre en présence, sans en discuter le mérite, les motifs invoqués à l'appui de l'une et de l'autre thèse, bien que son arrière-pensée sur cette question ressorte assez clairement des développements dont il l'entoure.

La philosophie (de l'antiquité?), dit-il, consent en général cette dernière recette, qu'elle ordonne à toutes sortes de nécessités, qui est de mettre fin à la vie que nous ne pouvons supporter [1].

Maxime stoïcienne que Sénèque formulait en ces mots :

1. M. et J., t. III, p. 272; L. et Ch., t. II, p. 357.

Placet? Vive. Non placet? Licet eo reverti, unde ve-
nisti [1].

S'il est vrai que l'antiquité et surtout certaine philosophie se montrait assez indifférente sur la question du suicide, il est néanmoins certain que la philosophie spiritualiste et la religion, qui est l'expression
des croyances communes, le condamnaient positive-
ment.

En effet, Platon, en ses lois, ordonne sépulture
ignominieuse à celui qui a privé son plus proche et
plus ami, *savoir est soi-même*, de la vie et du cours
des destinées non contraint par jugement public, ni
par quelque triste et inévitable accident de la fortune,
ni par une honte insupportable, mais par lâcheté et
faiblesse d'une âme craintive [2].

> *Rebus in adversis facile est contemnere mortem;*
> *Fortius ille facit qui miser esse potest* [3].

Cicéron (*Tusc.*, livr. I, xxx) ne reconnaît pas à
l'homme le droit absolu de disposer à volonté de sa
vie; mais, par une nuance délicate qui ne fait que
confirmer la thèse, il absout le suicide toutes les fois

---

1. « La vie te plaît-elle? Vis. Te déplaît-elle? Il t'est permis de revenir au lieu d'où tu es sorti. »
2. M. et J., t. III, p. 30; L. et Ch., t. II, p. 118.
3. « Dans l'adversité, il est facile de mépriser la mort;
   Il a bien plus de courage celui qui sait être malheureux.»

(Martial.)

qu'il paraît être commandé ou autorisé par la divinité elle-même.

En effet, dit-il, le dieu qui a sur nous un pouvoir souverain ne veut pas que nous quittions la vie sans sa per-
mission. Mais quand il nous en a fait naître un juste sujet,
comme autrefois à Socrate, comme de nos jours à Caton [1],
alors le vrai sage doit, par ma foi, passer avec plaisir de
ces ténèbres à la lumière céleste. Il ne brisera pas ses
chaînes ; *c'est ce que les lois défendent* [2] ; mais appelé par

---

1. On ne peut assimiler la mort de Socrate à celle de
Caton.

Socrate ne se suicida pas, il refusa de s'évader de la
prison où il devait boire la ciguë, pour obéir aux lois de
sa cité. Sa mort, admirable en tous points, fut celle d'un
sage. (Voir Platon et la magnifique prosopopée qu'il met
dans sa bouche.)

Caton, désespérant de la liberté, qu'il aurait peut-être
pu servir encore, se donna la mort. Caton, a dit Napoléon,
se tua par dépit, par désespoir. *Sa mort fut la faiblesse
d'une grande âme, l'erreur d'un stoïcien, une tache dans
sa vie.*

2. On lit dans une note de l'édition Charpentier, tome II,
page 112 : « Les lois romaines *proclamaient* la complète
liberté de l'homme sur sa propre personne; et les empe-
reurs chrétiens eux-mêmes admirent la *légitimité* du suicide dans certains cas. »

Rien n'est plus faux que cette interprétation des textes.

La loi civile romaine n'avait ni à approuver ni à condamner le *suicide en soi*. Son intervention ne devenait
nécessaire que lorsqu'il avait été accompli en vue d'une
fraude au fisc, mais alors pour le condamner et non pour
l'absoudre. En dehors de là, elle laissait à chacun la liberté
de ses actes qui ne relevaient que de la pure morale.

Cette distinction est très clairement marquée dans les
textes suivants :

1° « Les biens de celui qui s'est donné la mort *sont ap-*

Dieu lui-même, délivré par lui, il peut sortir de sa prison, comme par ordre d'un magistrat ou d'une autorité légitime [1].

Enfin, Virgile, racontant au sixième livre de *l'Énéide* la descente d'Énée aux enfers, dépeint de la façon suivante (v. 434 et suiv.) le châtiment infligé à ceux qui se sont volontairement donné la mort.

Non loin, tristes et abattus, sont les mortels qui, sans avoir commis de crimes, se sont donné la mort de leurs propres mains et qui, détestant le jour, ont rejeté leurs

---

pliqués au fisc, s'il est dans les liens d'une accusation qui, si elle était prouvée, lui ferait perdre ses biens.

« Mais si quelqu'un, par ennui de la vie, ou ne pouvant supporter la douleur, ou pour toute autre raison, se donne la mort, l'empereur Antonin a déclaré, par un rescrit, que celui-là a un successeur. » (*Digeste*, livre XLVIII, titre XXI, l. 3, §§ 3 et 4.)

2º « *Un innocent* ne peut être poursuivi pour le fait d'un suicide volontaire. » (*Code*, livre IX, titre II, l. 12.)

3º « Les biens de ceux-là doivent être revendiqués par le fisc qui, après avoir appris que leur crime était découvert et dénoncé à la justice, se sont donné eux-mêmes la mort dans la crainte de la sentence à laquelle ils s'attendaient.

« Si celui qui s'est donné la mort, tandis qu'il existait contre lui une accusation criminelle, n'était point accusé du crime de lèse-majesté, et n'a point agi ainsi par la crainte des suites de l'accusation, ses biens passent à ses héritiers. » (*Code*, livre IX, titre L, l. 1 et 2.)

De nos jours, la clause de quelques contrats d'assurances sur la vie, qui excepte le *suicide* des cas de mort réalisant l'assurance, a le même sens que les textes précités.

1. Traduction collection Panckoucke.

âmes loin de leurs corps. Oh! qu'ils voudraient maintenant, à la clarté des cieux, souffrir la pauvreté et les travaux pénibles! Mais le destin s'y oppose. L'odieux marais les enchaîne de ses tristes ondes, et, neuf fois repliant son cours, le Styx les emprisonne[1].

Montaigne masque sous une impartialité apparente son arrière-pensée stoïcienne sur le suicide, et après avoir déclaré qu'en ces matières *son cathédrant est l'autorité de la volonté divine, qui nous règle sans contredit et qui a son rang au-dessus de ces humaines et vaines contestations*, il se borne à nous exposer que :

Suivant les uns,

La mort est la recette à tous maux; que c'est un port très assuré, qui n'est jamais à craindre et souvent à rechercher. — Que tout revient à un, que l'homme se donne sa fin, ou qu'il la souffre, qu'il coure au-devant de son jour, ou qu'il l'attende; d'où qu'il vienne c'est toujours le sien. — Que la plus volontaire mort, c'est la plus belle. — Que la vie dépend de la volonté d'autrui; la mort de la nôtre; qu'en aucune chose nous ne devons tant nous accommoder à nos humeurs qu'en celle-là[2].

Mais que ceci ne va pas *sans contraste*, car plusieurs tiennent

que nous ne pouvons abandonner cette garnison du monde, sans le commandement exprès de celui qui nous y a mis. — Que c'est à Dieu qui nous a ici envoyés, non pour nous seulement, oui bien pour sa gloire, et service d'autrui, de nous donner congé quand il lui plaira, non à nous de le prendre. — Que nous ne sommes pas nés pour nous, mais aussi pour notre pays : les lois nous redemandent compte

1. Traduction collection Panckoucke.
2. M. et J., t. III, p. 27 et suiv.; L. et Ch., t. II, p. 114 et 116.

de nous pour leur intérêt, et ont action d'homicide contre nous; autrement comme déserteurs de notre charge nous sommes punis en l'autre monde.

Entre ceux du premier avis, ajoute notre auteur, il y a grand doute sur ceci : quelles occasions sont assez justes pour faire entrer un homme en ce parti de se tuer? Ils appellent cela Εὔλογον ἐξαγωγὴν (sortie raisonnable [1]).

Et là-dessus, anecdotier à outrance, il multiplie, en les exaltant, les exemples de ceux qui se sont volontairement donné la mort, et passe sous silence ceux des hommes qui l'ont attendue, plus courageusement peut-être, au cours d'une vie pleine de misères, de désillusions et de souffrances. Ce n'est pas sans raison, assurément, qu'il a été accusé de favoriser le suicide et que les partisans de cette triste doctrine ont pu se réclamer de lui. Vainement a-t-on répondu, pour l'excuser, qu'il a simplement agité le *pour* et le *contre*, sur ce point comme sur tant d'autres, mais qu'il serait injuste de lui supposer des sentiments si opposés à la religion dans laquelle il vivait.

Non, il n'y a pas là d'excuse pour un penseur qui écrivait en philosophe, bien qu'il eût affecté de dire que sa philosophie consistait *à niaiser et fantastiquer*. Il ne lui était pas permis, après avoir posé une question qui se lie si étroitement aux principes fondamentaux de notre existence et de notre vie morale, de laisser planer le doute dans l'esprit de son lecteur.

Telle fut cependant, d'une façon générale, la philosophie de Montaigne. Je ne dirai pas philosophie

1. M. et J., t. III, p. 31 ; L. et Ch., t. II, p. 119.

d'un doute importun et quelquefois angoissant que
les recherches les plus ardentes ne parviennent pas
à dissiper. Non, chez lui, le doute n'a pas ce caractère d'inquiétude. Il ne vient après aucun effort.
Montaigne s'abandonne lui-même et se berce molle-
ment, j'oserais dire, dans le vide de ses croyances.
Combien faut-il plus admirer le penseur philosophe
qui ne s'avoue jamais vaincu et qui s'exaspère dans
l'impuissance même de sa raison !

La philosophie de Montaigne, a dit le comte de Peyron-
net, était douce, facile, indulgente, accommodée à notre
faiblesse. Elle enseigne merveilleusement ce qu'il faut
prendre du monde et de la vie, et donne du bonheur
humain de très profitables leçons ; mais hors de là ne lui
demandez plus rien. C'est une sagesse toute de la terre,
qui enseigne à vivre et même à mourir, mais qui s'arrête
à la tombe et y reste muette [1]...

Ce n'est plus de la *philosophie* dans le sens élevé
du mot ; voyons quelle fut sa *morale* ou, si l'on préfère, sa *sagesse?*

1. *Plutarque français*, notice.

LE MORALISTE

Quand on étudie l'œuvre d'un moraliste, il importe de séparer l'homme du monde du penseur ; l'homme qui agit de l'homme qui s'abstrait et qui médite. Quelles contradictions ne peut-on pas, en effet, rencontrer dans la vie d'un homme et ses doctrines ? Quels démentis ne semble-t-il pas se donner à lui-même ? Y a-t-il défaut de sincérité, hypocrisie, ou simple jeu d'esprit ? Cela arrive quelquefois.

Mais il est des cas où le moraliste, malgré sa bonne foi et la parfaite sincérité de ses convictions professées, est entraîné par la faiblesse de son caractère et les impulsions de son tempérament à des actes qui peuvent faire douter de lui et qu'il est le premier à condamner dans son for intérieur.

C'est là l'éternel combat de la matière et de l'esprit, des passions terrestres et de la conscience humaine ; la preuve la plus indubitable de ce dualisme de notre nature, où le triomphe de la raison éclairée et de la volonté sur les sens et les excitations mondaines est accompagné de la plus pure satisfaction que l'homme moral puisse éprouver.

Chez Montaigne, il y a généralement harmonie entre ses écrits et sa vie privée[1]. Il déclare vouloir avant tout s'étudier lui-même, bien qu'il y trouve et qu'il y cherche aussi l'occasion de juger le monde extérieur dont il ne fait pas d'ailleurs un brillant tableau. Il se peint, dit-il, fidèlement au physique et au moral; et ce, quelquefois, avec une crudité de tons qui répugne à nos mœurs actuelles.

Si la lecture des *Essais* — c'est l'impression qui s'en dégage — n'appelle pas sur sa personne plus de sympathie qu'il n'en avait lui-même pour autrui, on ne saurait lui contester un grand fond d'honnêteté et de franchise où percent quelquefois des traits de vanité ou une exagération de modestie qui n'est encore qu'un appel à l'éloge.

Montaigne fut, paraît-il, dans la vie privée, un très honnête homme, de la plus rigide probité, de relations relativement faciles et toujours rigoureux observateur de toutes les bienséances. Mais il vécut, tout au moins au temps de sa maturité, beaucoup plus par l'esprit que par le cœur; il ne fut jamais l'homme du dévouement ni du sacrifice. L'humanité, qu'il étudiait en pur amateur, lui importait au fond assez peu,

1. Je n'ai pas à rappeler ici les nombreux traits de vanité assez puérile qui lui ont été reprochés. Ce sont là de simples travers qui ne touchent pas au fond de la morale, et dont les plus grands esprits ne sont pas exempts.

n'ayant aucune tendance à l'amour du prochain. Il s'étudiait surtout lui-même, comme il l'a dit; et il s'attachait à régler sa vie — sans jamais s'écarter, nul doute, des règles de *l'honnête* — de façon *à la passer le plus commodément et le plus agréablement possible*. Montaigne, en somme, fut un homme de bien, vivant en soi et pour soi, c'est-à-dire *en honnête égoïste*.

M. Strowski, je l'ai déjà dit, partage sa vie en plusieurs périodes auxquelles il rattache les nombreuses fluctuations de sa pensée.

Qu'un philosophe moraliste m'expose ses principes et ses croyances que j'approuve ou que je repousse, il m'importe assez peu de connaître les diverses phases ou péripéties de son existence. Si elle ne répond pas à ce que je pouvais en penser, il pourra peut-être déchoir dans mon estime en tant qu'homme privé, mais son enseignement n'en conservera pas moins à mes yeux toute sa valeur doctrinale. C'est ce qu'exprime très bien Montaigne quand il dit au chapitre xxxi du livre II :

Le dire est autre chose que le faire : il faut considérer le prêche à part, et le prêcheur à part... Un homme de bonnes mœurs peut avoir des opinions fausses; et un méchant peut prêcher la vérité, voire celui qui ne la croit pas. C'est, sans doute, une *belle harmonie* quand le faire et le dire vont ensemble : et je ne veux pas nier que le dire, lorsque les actions suivent, ne soit de plus d'autorité et efficace[1].

_____

1. M. et J., t. V, p. 37; L. et Ch., t. III, p. 170.

Cette belle harmonie est surtout indispensable chez l'éducateur de la jeunesse qu'impressionne autant et plus l'exemple que l'enseignement oral.

On ne peut toutefois, dans cette étude, passer sous silence le fait suivant qui se rattache étroitement aux devoirs de l'homme public.

En 1585, Montaigne était maire de Bordeaux; ses pouvoirs non renouvelables allaient expirer le 31 juillet lorsque, dès le mois de juin, une peste terrible s'abattit sur cette ville et y fit périr, dit-on, 14.000 personnes. Montaigne, qui résidait avec sa famille dans son château de Montaigne, peu distant de Bordeaux, s'empressa de mettre sa mère, sa femme et sa fille hors des atteintes de la contagion qui les menaçait. Mais que fit-il lui-même, ce pieux devoir accompli? Courut-il au poste d'honneur et de péril où l'appelait son devoir de premier magistrat de la cité?

Non, dit M. Strowski, ce stoïcien ne rentre pas dans sa ville désolée par la peste, parce que sa présence n'y est pas absolument nécessaire, il y aurait eu je ne sais quelle beauté chevaleresque à affronter la contagion : Montaigne n'expose pas sa vie pour ces beautés-là... Aussi sa conduite, ajoute-t-il plus loin, manque-t-elle parfois *de ce grain de folie* sans lequel il n'est rien de parfaitement beau, ni rien d'héroïque... A la suite de cette péripétie, Montaigne se retira peu à peu des affaires publiques et de la vie active[1].

C'était assurément ce qu'il avait de mieux à faire. On comprend difficilement que l'éminent et si judi-

---

1. Strowski, p. 115.

cieux professeur, ainsi d'ailleurs que quelques autres[1], aient jugé avec tant d'indulgence cette triste défaillance de notre auteur qu'il rendit encore plus sensible par l'étrange lettre qu'il écrivit de Libourne aux jurats de Bordeaux, le 30 juillet, la veille seulement du jour où ses fonctions devaient prendre fin, alors que l'épidémie sévissait dans cette ville depuis plusieurs mois. Était-il nécessaire, pour le simple accomplissement d'un devoir de sa charge, *qu'il fût atteint de ce grain de folie* qui produit les grands dévouements et les actes héroïques? Il n'avait qu'à prendre comme exemple son père

qu'il avait vu vieil (remplissant précédemment les mêmes fonctions), l'âme cruellement agitée de cette tracasserie publique, oubliant le doux air de sa maison où la faiblesse des ans l'avait attaché longtemps avant, et son ménage et sa santé; et méprisant certes sa vie, qu'il y crut perdre, engagé pour eux à des longs et pénibles voyages[2].

Non, il n'avait ni cette vertu, ni ce vif sentiment du devoir.

Si, dit-il en effet, quelquefois on m'a poussé au maniement d'affaires étrangères, j'ai promis de les prendre en main, non pas au poumon et au foie; de m'en charger, non de les incorporer; de m'en soigner, oui; de m'en passionner, nullement; j'y regarde, mais je ne les couve point. J'ai assez à faire à disposer et ranger la presse domestique que j'ai dans mes entrailles et dans mes veines, sans y loger et me fouler d'une presse étrangère; et suis assez intéressé de mes affaires essentielles, propres et na-

---

1. V. Mothau, *Notice sur Montaigne*, p. 61 et suiv.; Stapfer, *Montaigne*, pp. 59 et 60.

2. M. et J., t. VI, p. 218; L. et Ch., t. IV, p. 149.

turelles, sans en convier d'autres affaires extérieures, étrangères, du dehors[1].

Cette déclaration, qui a sans doute le mérite de la franchise, donne une assez triste idée de l'homme qui accepte des charges publiques auxquelles il sait ne devoir apporter l'esprit de dévouement et de sacrifice qu'elles exigent quelquefois.

Et cependant, il n'oublie pas de raconter, avec une ostentation assez déplacée ici[2], les circonstances de sa double élection à la mairie de Bordeaux; se taisant prudemment sur la façon dont il en sortit.

Messieurs de Bordeaux m'élirent maire de leur ville, étant éloigné d'un tel pensement. Je m'en excusai, mais on m'apprit que j'avais tort, le commandement du Roi s'y interposant aussi. C'est une charge qui doit sembler d'autant plus belle, qu'elle n'a ni loyer ni gain autre que l'honneur de son exécution. Elle dure deux ans, mais elle peut être continuée par seconde élection, ce qui advient très rarement; elle le fut à moi; et ne l'avait été que deux fois auparavant, quelques années il y avait, à M. de Lanssac, et fraîchement à M. de Biron, maréchal de France, en la place duquel je succédai; et laissai la mienne à M. de Matignon, aussi maréchal de France : glorieux de si noble assistance[3].

En 1650, Rotrou, l'auteur tragique qui était lieutenant civil et criminel de Dreux, sa ville natale, suivait à Paris la mise en scène de quelqu'une de ses compositions dramatiques, lorsqu'il est informé qu'une épidémie des plus meurtrières ravageait la ville. A cette

1. M. et J., t. VI, p. 215; L. et Ch., t. IV, p. 146.
2. Le passage est à citer.
3. M. et J., t. VI, p. 217; L. et Ch., t. IV, p. 148.

nouvelle, il n'hésite pas un instant; il résiste aux affectueuses supplications de son frère qui voulait le retenir à Paris; il court à Dreux avec la pensée qu'il marche à une mort presque certaine; et, de là, il écrit à son frère :

Le péril où je me trouve est imminent. Au moment où je vous écris, les cloches sonnent pour la vingt-deuxième personne aujourd'hui. Ce sera pour moi demain, peut-être; mais ma conscience a marqué mon devoir. Que la volonté de Dieu s'accomplisse !

Il mourait trois jours après, le 27 juin 1650, à peine âgé de quarante ans, victime de son devoir simplement et noblement accompli, dans des circonstances absolument identiques à celles de la mairie de Montaigne.

M. Strowski, qui ne pouvait échapper à l'impression de ce parallèle, écrit :

Rotrou se jette dans la ville où l'on meurt de la peste pour mourir avec ses concitoyens; il met son courage à se sacrifier; Montaigne met son courage à vivre en remplissant les devoirs nécessaires et raisonnables, mais à vivre sans effroi et sans tremblement, les yeux ouverts, maître de soi.

J'avoue ne pas bien comprendre; mais laissons là l'homme public et revenons au moraliste, au penseur qui ne s'est, dit-il, *inspiré dans ses écrits par aucune considération de gloire personnelle ; voulant seulement : qu'on l'y voie en sa façon simple, naturelle et ordinaire, sans étude et artifice, regret-*

*tant de ne pouvoir, par révérence publique, s'y
montrer tout entier et tout nu*[1].

Il lui était cependant bien difficile d'aller plus loin
dans cette voie où il s'est si peu préoccupé de la révérence publique.

Combien d'ailleurs faut-il en rabattre de ces décla-
rations par lesquelles un auteur s'enveloppe dans un
certain voile de réserve pour se **grandir aux yeux du**
public dont il recherche avant tout les suffrages.

On ne saurait, sans doute, reprocher à Montaigne
d'avoir poursuivi — ambition bien légitime — cette
gloire littéraire qu'il a d'ailleurs justement conquise.
Il l'a, quoi qu'il en dise, ardemment désirée; et,
lorsqu'il déclare dans l'Avant-Propos de ses *Essais*
« qu'il voue simplement son livre à la commodité
particulière de ses parents et amis », il ne faut pas
en croire un mot. Il a écrit pour le grand public; c'est
l'évidence même. Et, non content de lui livrer ses
pensées, ce qui est le but de tout écrivain, il entre sur
sa personne physique et ses habitudes les plus intimes dans des détails non seulement sans intérêt
sérieux pour le lecteur, mais qui sont même de
nature telle qu'il eût dû s'en abstenir.

Le moi est haïssable, a dit Pascal... Le sot projet qu'a
eu Montagne de se peindre ! et cela non pas en passant et
contre ses maximes, comme il arrive à tout le monde de

----

1. Avis au lecteur.

faillir, mais par ses propres maximes, et par un dessein premier et principal [1].

Qu'importait après tout aux lecteurs des *Essais* que Montaigne fût, de tous les sens entiers, *quasi* à la perfection, — qu'il fût grand ou petit de taille, — qu'il eût le front large et rond, — les yeux doux, — les oreilles et la bouche petites, — les dents blanches et bien rangées, — la barbe brune à écorce de châtaigne, — le teint frais, — l'air du visage agréable, — le corps sans senteur, — qu'il fût velu sur tous ses membres, — qu'il eût des impatiences dans les jambes et des démangeaisons aux oreilles, — que ses fortes moustaches gardassent longtemps les parfums des baisers amoureux, — qu'il mangeât goulûment et se mordît assez souvent la langue et même les doigts dont il se servait plus souvent que de fourchettes, — qu'il accomplît enfin les actes les plus secrets de sa vie de telle façon plutôt que de telle autre? Ici, il faut se taire.

Franchise un peu outrée, dira-t-on, mais empreinte d'une certaine bonhomie qui séduit? Non, car on voit percer sous cette apparence de bonhomie le désir malsain d'extérioriser coûte que coûte toute sa personne physique et morale.

Parler de soi et surtout trop complaisamment est un défaut que l'on peut quelquefois excuser quand celui qui se peint et s'expose ainsi aux yeux du public

1. Voir chap. xL, liv. I; chap. xvii, liv. II; chap. xiii, liv. III.

le fait dans un but d'enseignement utile. C'était assurément le moindre des soucis de Montaigne, cet *écrivain dilettante* comme on l'a appelé, et qui n'était pas exempt d'une certaine fatuité, quand il rappelle les galanteries de sa jeunesse.

Je ne me suis guère, écrit-il, adonné aux accointances vénales et publiques; j'ai voulu aiguiser ce plaisir par la difficulté, par le désir et par quelque gloire; et aimais la façon de l'empereur Tibère, qui se prenait en ses amours autant par la modestie et noblesse que par autre qualité[1].

Ailleurs, il déclare que :

Jamais homme n'eut ses approches plus impertinemment génitales[2].

Plus loin, au chapitre XIII du livre III, intitulé *de l'Expérience*, il se met tout à fait à nu pour glorifier ses anciennes prouesses érotiques :

Je me suis, jeune,

> *Quem circumsans huc atque huc sæpe Cupido*
> *Fulgebat crocina splendidus in tunica*[3],

prêté, autant licencieusement et inconsidérément qu'autre, au désir qui me tenait saisi,

> *Et militavi non sine gloria* [4]

plus toutefois en continuation et en durée qu'en saillie :

> *Sex me vix memini sustinuisse vices*[5].

---

1. M. et J., t. V, p. 226; L. et Ch., t. III, p, 363.
2. M. et J., t. VI, p. 30; L. et Ch., t. III, p. 473.
3. « Lorsque l'Amour, voltigeant çà et là autour de moi, brillait dans une tunique éclatante. » (Catulle.)
4. « Et j'ai combattu non sans gloire. » (Horace, *Odes*.)
5. Ovide, *Amour*. — M. et J., t. VII, p. 40; L. et Ch., t. IV, p, 285.

Il y a du malheur, certes, et du miracle à confesser en quelle faiblesse d'ans je me rencontrai premièrement en sa sujétion. Ce fut bien rencontre; car ce fut longtemps avant l'âge de choix et de connaissance; il ne me souvient point de moi de si loin; et peut-on marier ma fortune à celle de *Quartilla,* qui n'avait point mémoire de son fillage[1].

Ce qui ne prouverait qu'une chose, c'est que son entourage et lui étaient mal surveillés.

Au chapitre iii du livre III, il s'élève à des idées plus générales sur les règles de sa vie qu'il partage en trois commerces :

Celui des hommes par l'esprit de conversation;

Celui des femmes par l'amour charnel;

Celui des livres par la lecture et la méditation.

Le cœur et les sentiments affectifs ne jouaient aucun rôle dans son commerce d'esprit avec les hommes. Il y cherchait son agrément et peut-être des occasions de s'instruire; mais l'homme n'était à ses yeux, dans la conférence, qu'une sorte de livre vivant, qu'il ouvrait ou qu'il fermait à volonté quand l'ennui ou la satiété l'envahissaient. Esprit froid et pondéré au fond, ses rapports avec ses semblables n'excitaient contre lui aucune inimitié, mais n'appelaient pas non plus la sympathie. Il en fait l'aveu :

Mes mœurs molles, ennemies de toute aigreur et âpreté, peuvent aisément m'avoir déchargé d'envies et d'inimitiés; d'être aimé, je ne dis, mais de n'être point haï, jamais homme n'en donna plus d'occasion; mais la froideur de ma conversation m'a dérobé, avec raison, la bienveillance

---

. 1. M. et J., t. V, p. 212 et s.; L. et Ch., t. III, p. 349 et s.

de plusieurs qui sont excusables de l'interpréter à autre
et pire sens... Aux amitiés communes je suis aucunement
stérile et froid; car, mon aller n'est pas naturel s'il n'est à
pleine voile; outre ce, que ma fortune, m'ayant conduit et
affriandé de jeunesse à une amitié seule et parfaite, m'a à
la vérité aucunement dégoûté des autres[1].

Montaigne, qui ne dédaignait pas certes l'esprit
dans le commerce des femmes, mettait assez brutale-
ment en première ligne les grâces du corps, la beauté
physique, qui répondaient mieux à ses appétits sen-
suels :

Au demeurant, dit-il, je tenais grand compte de l'esprit,
mais pourvu que le corps n'en fût pas à dire; car, à répondre en conscience, si, l'une ou l'autre des deux beautés
devait nécessairement y faillir, j'eusse choisi de quitter
plutôt la spirituelle; elle a son usage en meilleures choses;
mais au sujet de l'amour, sujet qui se rapporte principalement à la vue et à l'attouchement, on fait quelque chose
sans les grâces de l'esprit, rien sans les grâces corporelles[2].

Dans ses liaisons fortuites et éphémères, le cœur,
on le voit, était à peu près absent. Il ne poursuivait
guère que l'assouvissement d'un besoin physique qui
était chez lui très impérieux, paraît-il. Mais le côté
moral de l'union des sexes, c'est-à-dire l'amour qui
en constitue toute la poésie, lui échappait puisqu'il
prétendait le régler comme on règle une horloge.

· Il faut encore ici le laisser parler, ce qui vaut
mieux qu'une analyse dont on pourrait suspecter
l'exactitude :

1. M. et J., t. V, pp. 215 et 216; L. et Ch., t. III, p. 353.
2. M. et J., t. V, p. 226; L. et Ch., t. III, p. 364.

L'amour est une agitation éveillée, vive et gaie ; je n'en étais ni troublé ni affligé, mais j'en étais échauffé et encore altéré : il s'en faut arrêter là ; elle n'est nuisible qu'aux fols... La philosophie n'estrive point (ne lutte pas) contre les voluptés naturelles, pourvu que la mesure y soit jointe, et en prêche la modération, non la fuite ;... au service de *l'amour* elle nous ordonne de prendre un objet qui satisfasse simplement au besoin du corps ; qui n'émeuve point l'âme, laquelle n'en doit pas faire son fait, ains (mais) suivre nûment et assister le corps. Mais ai-je pas raison d'estimer que ces préceptes qui ont pourtant d'ailleurs, selon moi, un peu de rigueur, regardent un corps qui fasse son office ; et qu'à un corps abattu, comme un estomac prosterné, il est excusable de le réchauffer et soutenir par art, et par l'entremise de la fantaisie, lui faire revenir l'appétit et l'allégresse puisque de soi il l'a perdue ?

Est-ce là la psychologie de l'amour ? C'est tout simplement l'hygiène et la gymnastique du plaisir sexuel. C'est ce que, quelques pages plus haut, il a caractérisé avec une grossièreté de langage que la révérence publique ne me permet pas de reproduire textuellement. Les physiologues naturalistes du jour, plus décents que Montaigne, disent : *que l'amour est la spécialisation de l'instinct sexuel ; que l'éparpillement de cet instinct est le contraire de l'amour.*

Mais hâtons-nous de reconnaître que les *analystes*, aujourd'hui si délicats et si subtils, du cœur humain idéalisent de plus en plus l'amour d'un sexe pour l'autre, en recherchant les éléments infiniment complexes et purement psychiques qui en forment le

1. M. et J., t. VI, pp. 32 et 34 ; L. et Ch., t. III, pp. 475 à 477.

fond. Si l'amour, ainsi compris, ne préside pas toujours, sans doute, à l'union des sexes, il en est souvent
aussi le lien initial et quelquefois durable qui le
distingue de l'accouplement des bêtes. Cela suffit
pour le relever et le rétablir dans sa véritable
noblesse[1].

> Mais ces deux commerces (celui des hommes et celui des
> femmes), ajoute en terminant notre auteur, sont fortuits et
> dépendants d'autrui; l'un est ennuyeux par sa rareté,
> l'autre se flétrit avec l'âge; ainsi ils n'eussent pas assez
> pourvu au besoin de ma vie. Celui des livres, qui est le
> troisième, est bien plus sûr et plus à nous : il cède aux
> premiers les autres avantages; mais il a pour sa part la
> constance et la facilité de son service[2].

Voilà bien, selon moi, le croquis de notre auteur
exactement tracé de sa propre main.

Indifférent et froid avec ses semblables, il recherche ou subit la société des hommes pour l'escrime
nécessaire de son esprit; celle des femmes surtout
pour l'apaisement de ses sens; et finalement il se
retire au milieu des livres pour s'isoler du reste du
monde et ne vivre qu'en soi-même.

1. Ce n'est pas, certainement, Montaigne, qui étant,
comme Ovide, relégué sur les bords du Pont-Euxin, loin
de sa femme, lui eût adressé ces mots dont il se moque
quelque peu :
« Oh! plût aux dieux que je pusse te voir en cet état!
Que je pusse baiser tes cheveux blanchis et serrer dans
mes bras ton corps amaigri par la douleur. » (Ovide,
ex Ponto, I, n° 49.) — M. et J., t. VI, p. 38; L. et Ch.,
t. III, p. 481.
2. M. et J., t. V, p. 227; L. et Ch., t. III, p. 364.

Ses livres, sa *librairie* (ainsi qu'il l'appelle) devient
son véritable domaine; il le cultive celui-là avec
amour et en extrait toutes les richesses que son esprit
chercheur et ingénieux peut y découvrir; il ajoute
à ces richesses d'emprunt, qu'il fait siennes par la
forme et le tour qu'il leur donne, celles qu'il retire de
son propre fonds non moins riche d'aperçus, mais
toujours imprégnés de ce stoïcisme mêlé de pyrrhonisme dont il ne peut se défaire.

Sa vie privée, je l'ai déjà dit, ne différait pas
sensiblement de ses doctrines. Aussi que répondait-il
à ceux qui lui reprochaient ses allures froides et
dédaigneuses, son peu de penchant à venir, soit de
ses biens, soit de sa personne, en aide à autrui?

Les plaintes qui me cornent aux oreilles sont telles : Il
est oisif, froid aux offices d'amitié et de parenté; et, aux
offices publics, trop particulier, trop dédaigneux. Les plus
injurieux même ne disent pas : Pourquoi a-t-il pris?
Pourquoi n'a-t-il payé? mais : Pourquoi ne quitte-t-il?
Pourquoi ne donne-t-il?... Je puis d'autant plus disposer
de ma fortune, qu'elle est plus mienne, et de moi, que je
suis plus mien[1].

C'était répondre en stoïcien et selon les préceptes
du droit romain : *honeste vivere — alterum non
lœdere — suum cuique tribuere*, qui furent, en
effet, la règle exacte de sa vie. Mais il lui manquait
l'esprit de charité qui était de l'essence de la religion
à laquelle il appartenait. La philosophie du portique,
dont il faisait parade, lui aurait fait même repousser

1. M. et J., t. II, p. 72; L. et Ch., t. I, p. 248.

les maximes de cette *solidarité humaine* que les sociologues du jour veulent substituer à la charité chrétienne qui moralise et console en secourant.

Il n'aimait pas, a-t-on dit, ses enfants; car il a fait lui-même l'aveu : *qu'il en a perdu en nourrice deux ou trois, sinon sans regrets, au moins sans fâcherie*[1].

Cet aveu, qui ne justifie pas, selon moi, l'accusation d'insensibilité pour ses enfants, *à peine nés,* lui a fourni l'occasion d'écrire sur la paternité intellectuelle une très belle page qui mérite d'être transcrite :

Or, à considérer cette simple occasion d'aimer nos enfants pour les avoir engendrés, pour laquelle nous les appellerons autres nous-mêmes, il semble qu'il y ait bien une autre production venant de nous qui ne soit pas de moindre recommandation; car ce que nous engendrons par l'âme, les enfantements de notre esprit, de notre courage et suffisance, sont produits par une plus noble partie que la corporelle, et sont plus nôtres; nous sommes père et mère ensemble en cette génération. Ceux-ci nous coûtent bien plus cher, et nous apportent plus d'honneur, s'ils ont quelque chose de bon ; car la valeur de nos autres enfants est beaucoup plus leur que nôtre, la part que nous y avons est bien légère; mais ceux-ci, toute la beauté, toute la grâce et le prix est nôtre[2] : ... et je ne sais si je n'aimerais pas mieux beaucoup en avoir produit un parfaitement bien formé de l'accointance des Muses que de l'accointance de ma femme[3].

Les attachements de famille semblent d'ailleurs l'avoir fort peu tenu au cœur, s'il faut l'en croire sur

1. Liv. I, ch. XL.
2. M. et J., t. III, p. 106; L. et Ch., t. II, p. 196.
3. L. et Ch., t. II, p. 200.

parole, quand il dit, en 1572, n'étant âgé que de
trente-sept ans, ayant auprès de lui sa mère, sa
femme et une fille uique :

Il faut être toujours botté et prêt à partir en tant qu'en
nous est, et surtout se garder qu'on n'ait lors affaire qu'à
soi; car, nous y aurons assez de besogne, sans autre
surcroît. L'un se plaint, plus que la mort, de quoi elle lui
rompt le train d'une belle victoire; l'autre qu'il lui faut
déloger avant qu'avoir marié sa fille, ou contrôlé l'institution de ses enfants ; l'un plaint la compagnie de sa femme,
l'autre de son fils comme commodités principales de son
être. Je suis pour cette heure en cet état, Dieu merci, que
je puis déloger quand il lui plaira, sans regret de chose
quelconque[1].

Quelle sécheresse !

Simple apparence, dit M. Strowski (p. 116) :

Il a été bon envers les siens, il est certain également
qu'il a su aimer et se faire aimer. Un cœur humain bat-
tait sous son armure stoïcienne. C'est donc la sagesse, non
la nature, qui lui a appris à se détacher des siens.

Comment vraiment concilier une nature si affec-
tive avec cette prétendue sagesse de commande qui
en refoule les élans?

Et plus loin, quand il vante les douceurs de la
solitude et de sa retraite dans ce qu'il appelle son
arrière-boutique, ne va-t-il pas étaler la même
sécheresse de cœur?

Or, dit-il, puisque nous entreprenons de vivre seuls, et
de nous passer de compagnie, faisons que notre contente-
ment dépende de nous, déprenons-nous de toutes liaisons
qui nous attachent à autrui... Il faut avoir femmes,

1. M. et J., t. I, p. 120; L. et Ch., t. I, p. 98.

enfants, biens et surtout la santé qui peut, *mais non pas s'y attacher en manière que notre heur en dépende;...* afin que quand l'occasion adviendra de leur perte, il ne soit pas nouveau de nous en passer[1].

Ce n'est pas là assurément le calme et le repos que recherche l'homme sensible après les lassitudes de la vie; et si dans cette retraite il fuit les agitations du monde extérieur qui ont excédé ses forces et abattu son énergie, il ne tombe pas dans l'état d'indifférence et d'insensibilité si tristement décrit par notre auteur[2].

Combien est différent le tableau que Zimmermann a donné des charmes et des avantages de la solitude, qui ramène le calme dans le cœur sans l'étouffer, qui élève l'âme au-dessus de la méchanceté et de l'envie auxquelles elle n'est plus en butte, en n'y laissant entrer que des idées de bienveillance, d'amour et de satisfaction! Nous sommes loin de Montaigne.

L'homme que ces émotions profondes n'ont jamais agité ne les perd ni ne les acquiert dans la solitude; il y était déjà avant de s'y réfugier réellement.

Faudrait-il aller jusqu'à supposer chez Montaigne une absence complète de sentiments affectifs? Qu'il fût destitué de toute sensibilité pour son prochain, sa famille, ses amis? Non, il ne doit pas toujours être pris au mot, bien qu'il ne manquât pas de franchise.

1. M. et J., t. II, pp. 180 et 181; L. et Ch., t. I, pp. 358 et 359.

1. Zimmermann, *De la solitude*, p 210.

Esprit très primo-sautier et impulsif, son enthousiasme pour le stoïcisme dont il *revélait l'armure* a pu le pousser à des exagérations de langage qui ne répondaient pas exactement à l'état habituel de son âme. Quelques passages de ses *Essais* les démentent; mais il n'en reste pas moins cette impression que l'indifférence pour son prochain, l'amour très prédominant de sa propre personne, sinon un égoïsme absolu, étaient le fond de son caractère.

Dans son excellente notice sur Montaigne, Motheau fait cette juste remarque que Montaigne était né « *surtout pour les affections viriles, s'étant toujours montré beaucoup plus inquiet de son père que de sa mère, de son ami que de sa femme*[1] ».

Sa piété filiale fut, en effet, très réelle et très profonde. Elle était mêlée d'estime, de vénération et de reconnaissance pour celui qu'il ne cessait « *d'appeler le meilleur des pères qui fut oncques, qu'il avait vu si rigide dans ses mœurs, et le plus indulgent pour autrui jusqu'à son extrême vieillesse; qui avait une foi monstrueuse en ses paroles, une conscience et religion en général penchant plutôt vers la superstition que vers l'autre bout; dévoué enfin jusqu'au sacrifice à ses devoirs d'homme privé et d'homme public,*

---

1. *Essais de Montaigne*, M. et J.; Notice, p. xxxviii; v. aussi Stapfer, *Montaigne*.

ainsi qu'il en avait donné l'exemple pendant la mairie de Bordeaux ».

Il revient souvent sur ces nobles et hautes vertus de son père, et ses expressions, qu'on sent bien sortir du fond du cœur, ont un accent qui touche. Il raconte que depuis la perte de ce *bon père*, il portait, lorsqu'il montait à cheval, un manteau qui lui avait appartenu. *« Ce n'est point, dit-il, par commodité, mais par délices; il me semble m'envelopper de lui. »*

Son amitié pour G. de La Boëtie, dont il a voulu immortaliser le souvenir, ne saurait être mise en doute. Mais quand elle est poussée au degré d'exaltation et d'exclusivisme qu'il dépeint, ne devient-elle pas une forme d'égoïsme? Car deux amis qui s'absorbent, se fondent à ce point l'un dans l'autre, « que chacun se donne si entier à son ami qu'il ne lui reste rien à départir ailleurs », font-ils autre chose que de l'égoïme à deux[1]?

Il est curieux de voir comment Montaigne, à qui on ne peut être tenté de donner ici un prix de simplicité et de modestie, explique l'origine et expose les caractères de cette amitié qu'il a proposée comme un exemple presque unique dans l'histoire.

L'amour entre personnes de sexes différents peut naître souvent impétueux et violent, exclusif et domi-

---

1. M. et J., t. II, p. 96; L. et Ch., t. I, p. 272.

nateur, sur lequel la raison reste impuissante, parce qu'il maîtrise notre volonté. C'est une passion assez éphémère qui peut s'éteindre avec·la possession de l'objet aimé.

L'amitié n'a point ce caractère. Paisible au début comme dans sa durée, bien que susceptible de magnifiques dévouements, le temps, loin de l'affaiblir, ne fait que la fortifier quand elle se fonde sur la sympathie qui rapproche deux personnes qu'attirent l'une vers l'autre la conformité des caractères, des goûts et des idées, quelquefois même les contrastes, mais dont le lien est cimenté et ennobli par une estime réciproque. Amitiés d'enfance, amitiés d'école, amitiés nouées au cours de la vie mondaine, elles se forment assez lentement ; car, pour passer d'un premier élan du cœur à la véritable et solide amitié, il faut se connaître à fond, ce qui n'est pas l'affaire d'un jour.

Voici le tableau, un peu théâtral et qui sent trop la composition purement littéraire, que Montaigne a fait de la naissance et du caractère de son amitié pour La Boëtie.

Cette amitié, dit-il, que nous avons nourrie tant que Dieu a voulu, entre nous, si entière et si parfaite, que certainement il ne s'en lit guère de pareilles, et entre nos hommes il ne s'en voit aucune trace en usage. Il faut tant de rencontres à la bâtir, que c'est beaucoup si la fortune y arrive une fois en trois siècles [1]..... Mais sachant combien c'est chose éloignée du commun usage qu'une telle amitié, et combien elle est rare, je ne m'attends pas d'en trouver

---

[1]. M. et J., t. II, p. 84 ; L. et Ch., t. I, pp. 259 et 260.

aucun bon juge; car les discours mêmes que l'antiquité
nous a laissés sur ce sujet me semblent lâches au prix du
sentiment que j'en ai, et, en ce point, les effets surpassent
les préceptes mêmes de la philosophie [1].

On conviendra qu'il n'est guère possible de se mettre plus avantageusement en scène que ne le fait
notre auteur quand il présente l'amitié qu'il nourrit
pour La Boëtie (de 1556 à 1563), époque de sa mort,
non seulement comme un exemple extrêmement rare,
mais comme étant même au-dessus de tout jugement
humain. Et, comme tout doit être extraordinaire
et presque surnaturel en cette rencontre de *fortune
qui arrive à peine une fois en trois siècles*, il
raconte comment elle se produisit un jour :

Il y a au-delà de tout mon discours et de ce que j'en
puis dire particulièrement je ne sais quelle force inexpli-
cable et fatale médiatrice de cette union. Nous nous cher-
chions avant que de nous être vus, et par des rapports
que nous oyions l'un de l'autre qui faisaient en notre affection plus d'effort que ne porte la raison des rapports, je
crois par quelque ordonnance du ciel. Nous nous embras-
sions par nos noms; et à notre première rencontre, qui fut
par hasard en une grande fête et compagnie de ville, nous
nous trouvâmes si pris, si connus, si obligés entre nous,
que rien dès lors ne nous fut si proche que l'un à l'autre...
En l'amitié de quoi je parle, elles (nos âmes) se mêlent et
confondent l'une en l'autre d'un mélange si universel
qu'elles effacent et ne retrouvent la couture qui les a
jointes. Si on me presse de dire pourquoi je l'aimais,
je sens que cela ne se peut exprimer qu'en répondant :
parce que c'était lui, parce que c'était moi [2].

Mots immortels, s'écrie M. Stapfer (p. 102). Pur

1. M. et J., t. II, p. 98; L. et Ch., t. I, p. 275.
2. M. et J., t. II, p. 90; L. et Ch., t. I. p. 267.

effet de style, oserai-je dire, imaginé par Montaigne environ vingt-cinq ans après la mort de La Boëtie, puisque ces mots qui ne se trouvent pas dans les quatre premières éditions des *Essais*, et notamment dans celle de 1588, publiée de son vivant, ne se rencontrent que dans celle de 1595, augmentée de ses additions et corrections manuscrites. M. Strowski, à qui j'emprunte cette précision bibliographique (p. 64), y trouve *que le sentiment* (*de son amitié pour La Boëtie*) *est allé s'approfondissant chez Montaigne; que l'image de l'ami perdu ne l'a point quitté; qu'elle est devenue plus présente avec les années, et s'est ennoblie sans cesse.*

On peut ne pas accepter cette explication. La lettre que Montaigne écrivit à son père pour lui raconter les derniers moments de La Boëtie donne une idée plus vraie, plus saisissante — parce que moins étudiée — du caractère d'intimité qui unissait les deux amis et des préoccupations morales du mourant :

Quant à ses dernières paroles, sans doute si homme en doit rendre bon compte, c'est moi; tant parce que, du long de sa maladie, il parlait aussi volontiers à moi qu'à nul autre, que aussi parce, pour la singulière et fraternelle amitié que nous nous étions entreportée, j'avais très certainement connaissance des intentions, jugements et volontés qu'il avait eues durant sa vie, autant sans doute qu'un homme peut avoir d'un autre [1].

Plus loin, son oncle, sa femme et Montaigne étant réunis autour de son lit :

1. M. et J., t. VII, l. 1; L. et Ch., t. IV, l. 1.

Nous ayant recommandés les uns aux autres, il suivit ainsi : « Ayant mis ordre à mes biens, encore me faut-il penser à ma conscience. *Je suis chrétien, je suis catholique : tel j'ai vécu, tel suis-je délibéré de clore ma vie.* Qu'on me fasse venir un prêtre, car je ne veux faillir à ce dernier devoir d'un chrétien..... *Quant à moi, je suis certain ; je m'en vais trouver Dieu et le séjour des bienheureux...* » Le lundi matin, il se confessa à son prêtre ; mais parce que le prêtre n'avait apporté tout ce qu'il lui fallait, il ne lui put dire la messe. Mais le mardi matin, M. de La Boëtie le demanda pour l'aider, dit-il, à faire son dernier office de chrétien. Ainsi il ouït la messe et fit ses pâques. Et comme le prêtre prenait congé de lui, il lui dit : « *Mon père spirituel, je vous supplie humblement, et vous et ceux qui sont sous votre charge, priez Dieu pour moi...* » Sur ce point, il s'arrêta un peu pour prendre haleine ; et voyant que le prêtre s'en allait, il le rappela et lui dit : « Je proteste que comme j'ai été baptisé, ai vécu, ainsi veux-je mourir sous la foi et religion que Moïse planta premièrement en Égypte, que les pères reçurent depuis en Judée, et qui, de main en main, par succession de temps, a été apportée en France... » Il rendit l'âme, sur les trois heures du mercredi matin, 18 août 1563, après avoir vécu trente-deux ans, neuf mois et dix-sept jours.

J'ai dû, on me le pardonnera, reproduire avec quelque étendue les termes de cette lettre pour répondre par avance, à l'aide du texte même, à l'étrange interprétation, selon moi, que M. Strowski a voulu tirer des derniers moments de La Boëtie.

Cette mort, dit l'éminent professeur, ce n'est pas l'entrée dans la vie éternelle, c'est le couronnement de la vie temporelle. La Boëtie et Montaigne n'ont pas les yeux et l'attention fixés sur l'autre monde, sur le ciel et l'enfer, mais sur ce monde, sur les jours écoulés, sur l'attitude et la vertu que le sage a conservées dans le cours de sa vie et doit conserver encore au dernier cours de cette vie.

Parce que, suivant M. Strowski, *dans la chambre*

de La Boëtie, le prêtre entre, remplit son office et s'en va. Il reviendra, mais il ne restera pas, contrairement, dit-il, aux pratiques cultuelles du temps, jusqu'à la minute suprême.

Le conseiller, le compagnon, celui entre les bras de qui La Boëtie va expirer, c'est un laïque, c'est Michel de Montaigne.

D'où il faudrait conclure que La Boëtie et son *alter ego* n'ont joué en ce moment qu'une indigne comédie.

Croyons plutôt à la sincérité des paroles du mourant et revenons à la psychologie de Montaigne.

Ici, le champ est vaste, car, l'esprit nourri de ses nombreuses lectures, il n'est pas de sujet que l'auteur des *Essais* n'ait touché, en courant, butinant à droite et à gauche, suivant les caprices de son imagination vagabonde ; effleurant tout, pourrait-on dire, et ne s'arrêtant à rien.

C'est ce qui a fait dire par ses apologistes mêmes

que l'entassement prodigieux de richesses qui fait ressembler les *Essais* à un de ces bazars de l'Orient où, dans le pêle-mêle des choses les plus diverses, des plus magnifiques et des plus luxueuses comme des plus humbles et des plus usuelles. il n'est pas une pièce qui ne soit à la vieille marque, qui n'ait son cachet d'originalité, sa valeur artistique, et que l'harmonie de l'ensemble résulte ici de la profusion et de la disparate même des détails[1].

Montaigne fut assurément un curieux scrutateur des divers états d'âme de l'homme ; et, s'il mérite à

---

1. Motheau, *Essais*, Notice, p. LXXXV. — V. aussi Stapfer, *Montaigne*.

ce titre le nom de psychologue, on ne saurait toutefois l'appeler un philosophe moraliste. Les questions
de morale sont, il est vrai, nombreuses et variées dans
les *Essais*, soit que l'auteur les ait traitées directement, soit qu'elles s'évincent des faits qu'il oppose
les uns aux autres, laissant toujours au lecteur le
soin d'en décider. Mais la morale vers laquelle il tend
est presque toujours contingente et surtout utilitaire,
s'accommodant aux temps et aux circonstances et par
conséquent incertaine et vacillante, comme toute morale qui ne se rattache à aucun principe supérieur.

Montaigne, dit M. Strowski (p. 153), est un amoureux du
paradoxe; il s'en accuse parfois, et son paradoxe s'exerce
plutôt dans le sens négatif que dans le sens positif. Il veut
étonner moins en affirmant des choses extraordinaires
qu'en niant les choses ordinaires.

Observation très juste et qui explique très bien le
caractère d'incertitude de sa doctrine. Montaigne était
tout à la fois un homme judicieux et imaginatif,
judicieux dans les idées moyennes et d'une pratique
courante; imaginatif, quand il abordait les grands
principes; en sorte que, si l'on trouve dans ses
Essais bon nombre d'aperçus ingénieux et d'excel-
lentes règles pratiques pour le cours de la vie, il se
perd dans les hautes sphères de la pensée où son
esprit flotte indécis et toujours prêt à céder aux
opinions contraires. C'est à ce double aspect des
Essais que les uns ont pu dire que ce livre était
le bréviaire des honnêtes gens et qu'il désenseignait

la sottise ; d'autres que Montaigne n'avait point de principes sur lesquels il tendait ses raisonnements et qu'il faisait du *pédantisme à la cavalière.*

Au milieu de cette luxuriante marqueterie des *Essais* composée des sujets les plus divers, on ne peut qu'admirer l'ardeur, je devrais dire l'entrain de l'auteur, ses innombrables lectures et la connaissance de l'antiquité dont il nous communique les richesses, la souplesse et l'acuité de son esprit, son art incomparable dans la composition et le tour original de son style.

L'objet de mon étude étant limité aux doctrines purement philosophiques de Montaigne dont j'ai déjà parlé et à ses maximes ou règles de morale prises dans leur ensemble, je dois me borner à examiner deux questions d'un ordre général, qui me semblent embrasser toute la vie d'un homme, à savoir : son éducation et sa responsabilité morale. Ces deux idées se lient très étroitement ; car l'homme est d'autant plus responsable de ses pensées et de ses actions, dont il est le maître, que son éducation, en multipliant ses connaissances, en élargissant le champ de ses idées, en formant son entendement et éclairant sa conscience, lui permet de les bien juger dans son for intérieur.

Montaigne a écrit pour Diane de Foix-Candale, comtesse de Gurson, qui espérait être bientôt mère, le chapitre XXV du livre I : *Sur l'institution des enfants,* sujet de la plus haute portée, puisqu'il s'agit de former l'homme en lui-même et pour la société dans laquelle il est appelé à vivre.

Éducation physique, éducation intellectuelle et morale, éducation sociale, telles doivent être les fins de l'institution de la jeunesse si l'on veut que l'homme mêlé plus tard au mouvement et aux agitations de la vie civile y joue son rôle suivant ses facultés et ses connaissances acquises, mais toujours avec le respect de ses semblables et l'estime de soi-même. Si l'on trouve beaucoup à louer dans le brillant chapitre de l'institution des enfants, la critique cependant n'y saurait souscrire complètement, et le préambule même de ce chapitre l'oblige à élever la voix et à protester contre la pensée restrictive qui l'a inspiré.

La pédagogie de Montaigne, qui était fort entiché de sa récente gentilhommerie[1] et qui vivait, paraît-il, dans la familiarité du comte et de la comtesse de Gurson, n'est pas celle qui convient à l'homme en général, mais seulement au futur comte de Gurson ou à tous autres de sa condition.

Et quant à la science qui ennoblit l'homme quelle que soit l'obscurité de son origine, en l'élevant au-dessus de ses semblables, nobles ou roturiers, riches ou pau-

1. Diane de Foix se maria en 1579 avec le comte de Gurson. Montaigne avait reçu le collier de l'ordre de Saint-Michel par lettres patentes de Charles IX du 18 octobre 1571, et il avait été créé par Henri III gentilhomme ordinaire de sa chambre.

vres, elle semble n'avoir eu de prix à ses yeux que
dans la tête d'un sujet de haut rang.

Madame, c'est, dit-il, un grand ornement que la science
et un outil de merveilleux service, notamment aux personnes élevées en tel degré de fortune, comme vous êtes. A la
vérité, elle n'a point son vrai usage en mains viles et basses ; elle est bien plus fière de prêter ses moyens à conduire
une guerre, à commander un peuple, à pratiquer l'amitié
d'un prince ou d'une nation étrangère qu'à dresser un
argument dialectique, ou à plaider un appel ou ordonner
une masse de pilules[1].

N'en déplaise au seigneur de Montaigne, il n'y a
pas de mains viles et basses pour la science qui doit
être honorée partout où on la trouve. Ce faux point
de vue de notre auteur au début de son étude ne pouvait qu'en rétrécir les aspects et rendre inapplicables
au plus grand nombre les maximes et les règles qu'il
y enseigne.

Montaigne n'aime pas le peuple, bien que son père
eût tenté de lui en inspirer l'amour par les impressions de son enfance. Il avait surtout en horreur l'éducation en commun dans les établissements publics de
son temps.

C'est, dit-il, une vraie geôle de jeunesse captive ; on la
rend débauchée, l'en punissant avant qu'elle le soit. Arri-
vez-y sur le point de leur office (pendant les classes), vous
n'oyez que cris et d'enfants suppliciés et de maîtres enivrés
en leur colère. Quelle manière pour éveiller l'appétit envers
leur leçon, à ces tendres âmes et craintives, de les y gui-
der d'une trogne effroyable, les mains armées de fouets[2] !

---

1. M. et J., t. II, p. 27 ; L. et Ch., t. I, p. 201.
2. M. et J., t. II, p. 54 ; L. et Ch., t. I, p. 230.

En supposant fidèle ce tableau évidemment outré qu'il fait des collèges du seizième siècle, Montaigne semble avoir oublié que tous les élèves ne sont pas des comtes de Gurson ; qu'il serait difficile de donner à chacun d'eux un gouverneur spécial pour l'instruire et le diriger suivant sa méthode ; qu'en somme, le groupement des élèves est une nécessité sociale si l'on veut que l'éducation soit accessible à tous.

D'ailleurs, la vie en commun des élèves présente ce double avantage qui manque à l'éducation purement individuelle, à savoir : l'émulation, qui est un puissant aiguillon entre jeunes gens qui poursuivent le même but ; et leur contact, qui peut être considéré comme un premier apprentissage de la vie sociale à laquelle ils sont appelés.

Ce n'est pas une âme, écrit notre auteur, ce n'est pas un corps qu'on dresse, c'est un homme : il n'en faut pas faire à deux et, comme dit Platon, il ne faut pas les dresser l'un sans l'autre, mais les conduire également comme une couple de chevaux attelés à même timon[1].

Tel est dans ses lignes générales le plan d'éducation du futur comte de Gurson, qui embrasse :

L'éducation physique ou le développement normal du corps ;

L'éducation intellectuelle ou le développement de l'intelligence, l'acquisition des connaissances utiles, et la formation de l'entendement ;

1. M. et J., t. II, p. 53 ; L. et Ch., t. I, p. 229.

L'éducation sociale ou l'art de vivre au milieu des hommes.

Ce dernier point est le couronnement des études et le but final (je n'ose pas dire unique) de la pédagogie de notre auteur.

L'art de bien vivre dans la société exige du discernement et du bon sens; voilà pourquoi Montaigne veut que le *gouverneur* ou conducteur qui doit présider à l'éducation de l'élève et le diriger jusqu'au bout

ait plutôt la tête bien faite que bien pleine et qu'on y requierre tous les deux, mais plus les mœurs et l'entendement que la science[1].

Il ne faut pas demander à Montaigne de la méthode dans les développements qu'il donne à son programme d'éducation. Rien n'est plus contraire à la tournure de son esprit très prime-sautier qui, entraîné par la pensée du moment, lui faisait souvent perdre de vue l'enchaînement logique des idées et le mettait même quelquefois en contradiction avec lui-même.

Il fait avec raison marcher de front l'hygiène et la gymnastique du corps avec la culture de l'esprit, mais on sent toujours percer dans sa méthode cet esprit étroit d'une éducation exclusivement aristocratique. Il ne lui déplaît nullement que son élève *soit nourri grossièrement comme il faut et hasardeusement; qu'il revienne suant et poudreux de son*

1. M. et J., t. II, p. 28; L. et Ch., t. I, p. 202.

*exercice ; qu'il boive chaud et froid ; qu'il monte
sur un cheval rebours ; qu'il lutte contre un rude
tireur le fleuret au poing, ou la première arque-
buse. Car, ce n'est pas assez de lui raidir l'âme,
il faut aussi lui raidir les muscles ; que les jeux
mêmes et les exercices soient une bonne partie de
l'étude : la course, la lutte, la musique, la danse,
la chasse, le maniement des chevaux et des armes*[1].*

Mais comme il se préoccupe avant tout des goûts
distingués qu'il veut inculquer à son disciple, il se
laisse aller à une boutade, purement humoristique
assurément, mais qui caractérise bien l'esprit de sa
pédagogie.

Si, dit-il, ce disciple se rencontre de si diverse condition,
qu'il aime mieux ouïr une fable que la narration d'un beau
voyage, ou un sage propos, quand il l'entendra ; qui, au
son du tambourin qui arme la jeune ardeur de ses compagnons, se détourne à un autre qui l'appelle au jeu des ba-
teleurs ; qui, par souhait ne trouve plus plaisant et plus
doux revenir poudreux et victorieux d'un combat, que de
la pomme ou du bal avec le prix de cet exercice, je n'y
trouve autre remède, sinon qu'on le mette pâtissier dans
quelque bonne ville, fût-il fils d'un duc[2], suivant le pré-

---

1. M. et J., t. II, pp. 34, 53 ; L. et Ch., t. I, pp. 208 et
209, 229. — V. Rabelais, *Gargantua*, liv. I, ch. xxiii.
Montaigne s'est montré en ce point bien inférieur à Rabelais dont il s'est beaucoup inspiré.

2. Une autre version porte : « Je n'y trouve autre remède, sinon que de bonne heure son gouverneur l'étrangle
s'il est sans témoins, ou qu'on le mette pâtissier dans quelque bonne ville, fut-il fils de duc. »

cepte de Platon, qu'il faut colloquer les enfants, non selon les facultés de leur père, mais selon les facultés de leur âme [1].

Il faut reconnaître que la pédagogie de Montaigne vise surtout l'entendement, cette faculté complexe où l'intelligence, la raison et la conscience se réunissent pour nous faire comprendre et juger sainement les objets soumis à notre connaissance.

On ne cesse, dit-il, de criailler à nos oreilles, comme qui verserait dans un entonnoir ; et notre charge, ce n'est que redire ce qu'on nous a dit : je voudrais qu'il (le précepteur) corrigeât cette partie ; et que de belle arrivée, selon la portée de l'âme qu'il a en mains, il commençât à le mettre sur la montre, lui fesant goûter les choses, les choisir et discerner d'elle-même ; quelquefois lui ouvrant le chemin ; quelquefois le lui laissant ouvrir. Je ne veux pas qu'il invente et parle seul ; je veux qu'il écoute son disciple parler à son tour [2].

Voilà qui est excellemment dit ; voilà la méthode d'enseignement intellectuel que Montaigne expose et développe avec un art infini, et dont les maximes et les règles ont puissamment contribué aux progrès de la pédagogie moderne. Toutefois, Montaigne, bien qu'imprimant à tout ce qu'il écrivait le cachet de sa personnalité, ne fut, au point de vue de la scolastique qui s'adressait plutôt à la mémoire qu'à l'entendement de l'élève, que l'écho des critiques qui avaient déjà cours de son temps ; ainsi qu'on peut le voir dans Rabelais qui raconte d'une façon fort amusante com-

---

1. M. et J., t. II, p. 40 ; L. et Ch., t. I, p. 225.
2. M. et J., t. II, p. 28 ; L. et Ch., t. I, p. 202.

ment Grandgousier fut amené à changer le système d'éducation de son fils[1].

Grandgousier ayant été frappé de la vive et précoce intelligence de son fils en bas âge, sur un sujet qu'on ne peut nommer ici, en confia l'éducation à *un sophiste ès lettres latines.* Celui-ci fit si bien qu'au bout d'une quadruple période de temps qui n'embrassa pas moins de 53 ans 10 mois et 2 semaines, Gargantua, ressassé de leçons et de lectures de toutes sortes *confiées à sa mémoire,* était en état de les réciter, sans broncher, du commencement à la fin ou au rebours. Mais Grandgousier

aperçut que vraiment il (son fils) étudiait très bien, et que y mettait tout son temps, toutefois en rien ne profitait. Et, qui pis est, en devenait fou, niais, tout *rêveux et rassoté.* De quoi se complaignant à don Philippe des Marays, viceroi de Papeligosse, entendit que mieux lui vaudrait rien n'apprendre que tels livres, sous tels précepteurs apprendre. Car leur savoir n'était que *besterie,* et leur sapience n'était que moufles, abâtardissant les bons et nobles esprits, et corrompant toute fleur de jeunesse.

Le précepteur fut congédié et remplacé par *Ponocrates,* dont on peut lire la méthode d'éducation au chapitre XXIII.

Ne semble-t-il pas entendre encore Rabelais, lorsque Montaigne, terminant son chapitre sur l'institution des enfants, nous dit :

Pour revenir à mon propos, il n'y a tel que d'allécher l'appétit et l'affection : *autrement on ne fait que des ânes*

---

1. *Gargantua,* liv. I, chap. XIV.

chargés de livres ; on leur donne à coups de fouets en garde leur pochette pleine de science ; laquelle, pour bien faire, il ne faut pas seulement loger chez soi, il la faut épouser [1].

Toutefois, un point sur lequel Montaigne a, paraît-il, devancé son siècle et s'est montré véritablement initiateur, c'est ce que je considère comme la fin et le couronnement de son plan d'éducation, bien que par un *décousu*, ou plutôt par un anachronisme qui lui coûtait fort peu, il les place presque au début de l'institution.

Le gain de notre étude, dit-il, c'est : en être devenu meilleur et plus sage..... A cette cause, le commerce des hommes y est merveilleusement propre, et la visite des pays étrangers non pour en apporter seulement, à la mode de notre noblesse française, combien de pas a *santa rotonda*, ou la richesse des caleçons de la signora Livia ; ou, comme d'autres, combien le visage de Néron, de quelque vieille ruine de là, est plus long ou plus large que celui de pareille médaille ; mais pour en rapporter principalement les humeurs de ces nations, et leurs façons, et pour frotter et limer notre cervelle contre celle d'autrui. *Je voudrais qu'on commençât à le promener dès sa plus tendre enfance ;* et premièrement pour faire d'une pierre deux coups, par les nations voisines où le langage est plus éloigné du nôtre et auquel, si vous ne le formez de bonne heure, la langue ne se peut plier [2].

On ne peut certes que louer ce passage et applaudir à l'heureuse initiative de l'auteur, sauf toutefois cette restriction en ce qui concerne l'âge auquel il fait voyager son élève (dès sa plus tendre enfance), qui ne lui permet ni de bien juger ni même de com-

1. M. et J., t. II, p. 75 ; L. et Ch., t. I, p. 250.
2. M. et J., t. II, pp. 32, 33 ; L. et Ch., t. I, pp. 206-207.

prendre ce qu'il voit ou entend. Car il est de toute évidence que l'application qu'il fait au cours de ses voyages de cette idée certainement féconde, ne peut convenir qu'à un jeune homme dont l'instruction est déjà complète, et l'entendement formé. Mais l'idée en elle-même a fait son chemin ; et aujourd'hui, les rapports entre les divers pays étant devenus plus fréquents et plus faciles, il n'est pas rare de voir des familles de nationalités différentes faire, entre elles, échange d'adolescents qui vont compléter leur éducation dans les pays dont ils veulent étudier plus pratiquement la langue et les mœurs.

Ce chapitre (de l'institution des enfants), a-t-on dit, ne saurait être ni trop loué, ni trop lu, ni trop médité. Oui, sans doute ; mais cette lecture, sans diminuer la part d'éloges qui revient à l'auteur, laisse, selon moi, une impression de vide, de sécheresse et de stérilité dans le fond même de l'éducation.

Qu'y manque-t-il donc? Il y manque ce souffle de haute moralité qui doit être comme le ferment de toute bonne éducation et qui doit plus tard animer et réchauffer l'homme dans le cours de sa vie. Il ne s'agit pas ici d'une morale toute terrestre, toute contingente suivant le monde, qu'observe et suit l'homme habile ; mais d'une morale découlant d'un principe supérieur auquel notre raison veut se rattacher. Rien de tout cela n'existe dans l'enseignement de Montaigne. C'est en somme la morale de l'utile, du savoir-vivre au milieu de la société des hommes ; mais ce n'est pas celle de l'amour du prochain, encore moins celle du sacrifice.

Dans son excellente analyse de ce chapitre, M. Strowski[1], après avoir reproché à Montaigne l'absence de toute préoccupation métaphysique, fait cette juste remarque *que dans Rabelais, Gargantua fait la prière le matin et le soir, et en regardant la voûte céleste songe à Dieu; et que Rousseau conduit Émile auprès du vicaire savoyard* pour y écouter une profession de foi déiste. Et l'éminent professeur, en exprimant le regret *que le système pédagogique de Montaigne n'ait point de base et ne conduise à rien de philosophique* et que *cette pédagogie n'enseigne ni la bonté, ni l'humanité, ni le dévouement et ne nous parle que de nos devoirs sociaux et politiques,* ajoute : *Abandonnera-t-il encore à d'autres[2] cette partie si importante de*

1. Pages 259 à 261.
2. M. Strowski vise ici trois discours que Pascal est présumé avoir adressé à un jeune homme de grande famille, le duc de Roannez, auquel il s'intéressait, et dont le dernier finit par ce passage qu'il faut transcrire :
« Ce que je vous dis ne va pas bien loin, et si vous en demeurez là, *vous ne laisserez pas de vous perdre;* mais au moins vous vous perdrez en honnête homme. Il y a des gens qui se damnent si sottement par l'avarice, par la brutalité, par les débauches, par la violence, par les blasphèmes! Le moyen que je vous ouvre est sans doute plus honnête; mais, en vérité, *c'est toujours une grande folie que de se damner, et c'est pourquoi il ne faut pas en demeurer là.* Il faut mépriser la concupiscence et son royaume,

la formation de l'homme? Patience, les Essais *ne sont pas finis, et Montaigne a encore à s'instruire et à nous instruire.* Je le veux bien, quoique espérant peu de lui qu'il comble ce vide très prémédité de son enseignement.

J'ai dû me borner à signaler les traits généraux du système pédagogique de Montaigne. Le cadre restreint de mon étude m'imposait cette réserve. Le lecteur qui désirerait en faire une étude plus approfondie n'aurait qu'à accompagner la lecture des *Essais* de celle du livre de M. Strowski, qui en présente une analyse très complète et du plus grand intérêt.

Supposons maintenant le disciple de Montaigne en pleine possession de toutes ses facultés largement exercées et développées : imagination, raison, conscience, discernement et liberté! Il aura le sentiment de sa personnalité toute propre, et s'attribuera le mérite ou le démérite de tous les actes libres de sa vie : fier de ses œuvres s'il les juge bonnes; humilié et

et aspirer à ce royaume de charité où tous les sujets ne respirent que la charité et ne désirent que les biens de la charité. D'autres que moi vous en diront le chemin. »

La-dessus, M. Strowski écrit, à la page 261 de son livre :
« C'est entre deux fragments des *Pensées* que Pascal sort de ses méditations pour apprendre à son jeune auditeur à faire l'honnête homme sans y mêler un mot de religion. »

Quelle assimilation!

Il suffit de lire.

D'un côté, un sceptique avéré; de l'autre, un penseur, dont la foi ardente éclatait dans toutes ses pensées écrites et dans sa vie qui n'en fut que l'expression vivante.

repentant s'il les juge mauvaises; en somme, un sentiment intime de la responsabilité qui doit constituer le fond de notre vie morale et qui est un puissant aiguillon dans la voie du bien, un rempart contre le mal et une ferme espérance dans l'*au-delà*.

Nous allons voir comment notre auteur entend le sentiment de cette personnalité qui grandit avec le degré d'instruction. Il semble quelquefois prendre à tâche de se mettre en contradiction avec lui-même et de détruire l'autorité de ses propres maximes. C'est vainement qu'au début de son chapitre xxv, *Sur l'éducation*, il écrit : « Madame, c'est un grand ornement que la science et un outil de merveilleux service. »

Il ne s'agit pas ici, comme dans l'apologie de Raymond Sebonde, d'humilier la raison humaine au-delà de toute expression, d'*abêtir* l'homme pour le relever, a-t-on dit, dans la foi religieuse, ce qu'il n'a pas fait d'ailleurs, mais de montrer au contraire tous les avantages que l'homme peut retirer d'une forte éducation et combien elle peut accroître sa puissance d'action dans le monde.

Quelle part revient à l'homme dans les œuvres qui lui sont le plus personnelles : celles qui émanent de sa science, de son génie, de sa volonté libre? Elle serait, d'après notre auteur, à peu près nulle, tout dépendant de la fortune qui est, suivant lui, la maîtresse souveraine des événements et même de nos propres pensées. Ne semble-t-il pas étrange qu'on puisse lui reprocher une thèse si contraire, notamment à la belle page citée plus haut sur la paternité intellectuelle qu'il revendique avec tant de fierté?

Il faut encore le laisser parler.

C'est, dit-il, chose vaine et frivole que l'humaine prudence! Et au travers de tous nos projets, de nos conseils et précautions, la *Fortune* maintient toujours la possession des événements [1].

Que Montaigne ait voulu dire que l'événement ne répond pas toujours à nos calculs et prévisions, à raison de l'impuissance où nous sommes souvent « de voir et de choisir ce qui est le plus commode et le plus sûr pour les difficultés que les divers accidents et circonstances de chaque chose tirent », rien de mieux. Mais sa pensée va plus loin.

A le bien prendre, dit-il, il semble que nos conseils et délibérations en dépendent bien autant; et que la *Fortune* engage en son trouble et incertitude aussi nos discours. Nous raisonnons hasardeusement et témérairement, dit Timœus en Platon, parce que, comme nous, nos discours ont grande participation à la témérité du hasard [2].

Et pour nous faire comprendre combien, pour sa part, il fait de cette thèse la règle de sa vie, il nous dira :

Ma consultation *ébauche un peu* la matière, et *la considère légèrement* par ses premiers visages : *le fort et principal de la besogne*, j'ai accoutumé de le résigner au Ciel (lisez à la Fortune). *Permitte divis cætera. L'heur et le*

---

1. M. et J., t. I, p. 180; L. et Ch., t. I, p. 163.
2. M. et J., t. II, p. 248; L. et Ch., t. II, p. 21.

malheur sont, à mon gré, deux souveraines puissances : c'est imprudence d'estimer que l'humaine prudence puisse remplir le rôle de la *Fortune*[1].

Quelle nuit ! Que devient l'homme présenté comme le jouet de cette force occulte qui l'enveloppe, qui rend vaines et paralyse toutes ses énergies et qui le fait douter de lui-même?

Il nous le dira encore; et dans une critique toute de fantaisie visant particulièrement la médecine qu'il détestait, ce qu'il répète à satiété, le grand art de la guerre auquel il n'entendait rien, et les productions de l'esprit qui tiennent à l'imagination, il ne voit partout qu'*heur* ou *malheur*, c'est-à-dire les effets du hasard. Singulière façon, vraiment, de prouver, ainsi qu'il l'a déclaré *ex cathedra*, que *la science est un grand ornement et un outil de merveilleux service.*

Que la médecine dogmatique ou empirique, au temps de Montaigne, fût mêlée de beaucoup d'incertitude et qu'elle le soit encore malgré les grands progrès accomplis, cela est certain, parce qu'elle se base sur la connaissance des lois les plus secrètes de la vie qui échappent, en bien des points, aux plus subtiles et savantes recherches. Mais était-ce une raison pour la condamner dans son principe et prétendre que tout n'était qu'*heur* ou *malheur* dans la pratique médicale? Montaigne, qui fait ici preuve du

1. M. et J., t. VI, p. 101; L. et Ch., t. IV, p. 31.

plus injuste parti pris, va jusqu'à s'approprier cette
pensée purement humoristique attribuée à Platon, à
savoir :

que pour être un vrai médecin, il serait nécessaire que celui qui l'entreprendrait eût passé par toutes les maladies
qu'il veut guérir, et par tous les accidents et circonstances
de quoi il doit juger [1].

C'est-à-dire, sans doute, qu'il fût mille fois mort
avant de pouvoir guérir les autres!

Quant aux entreprises militaires, chacun voit comment
la *Fortune* y a bonne part. En nos conseils même et en
nos délibérations, il faut certes qu'il y ait du *sort* et du
bonheur mêlé parmi; car tout ce que notre sagesse peut,
ce n'est pas grand'chose; plus elle est aiguë et vive, plus
elle trouve en soi de faiblesse et se défie d'autant plus
d'elle-même. Je suis de l'avis de Sylla, et quand je me
prends garde de près aux plus glorieux exploits de la
guerre, je vois, ce me semble, que ceux qui les condui-
sent n'y emploient la délibération et le conseil que *par
acquit, et que la meilleure part de l'entreprise, ils
l'abandonnent à la fortune, et sur la fiance qu'ils ont à
son secours, passent à tous les coups au-delà des bornes
de tout discours* [2].

Cette assertion, contre laquelle protestent l'histoire

1. M. et J., t. LXXI, p. 26; L. et Ch., t. IV, p. 272. —
Cette pensée a été amplifiée par l'écrivain humoriste Mark
Twain (Clemens Samuel), qui disait que « pour qu'un médecin soigne un malade avec science, il faut qu'il ait été
atteint du même mal. Pareillement, pour qu'un juge agisse
loyalement envers un criminel, il faudrait qu'il ait commis
un crime tout semblable ». (*Revue hebd.*, 7 octobre 1911,
p. 75.)
2. Il dit tout le contraire en copiant, il est vrai, Sué-
tone, dans son chapitre XXXIV, livr. II, *Sur les moyens de
faire la guerre, de Jules César.* — M. et J., t. I, p. 182;
L. et Ch., t. I, p. 165.

et la vie militaire des grands capitaines de tous les temps, ne mérite pas même d'être discutée. Montaigne, qui s'était alors mis en tête de faire intervenir la *Fortune* dans tous les actes de la vie humaine, n'hésitait pas à faire tout céder au triomphe de sa thèse; il lui importait peu de fausser toutes les idées reçues, et déprimant sans mesure l'homme, sa science, son génie et son imagination, il lui déniait le mérite de ses conceptions les plus intimes, les plus fortes et les plus belles.

Or, dit-il, non en la médecine seulement, mais en plusieurs arts plus certains, la *Fortune* y a bonne part; les saillies poétiques qui emportent leur auteur et le ravissent hors de soi, pourquoi ne les attribuerons-nous à *son bonheur*, puisqu'il confesse lui-même qu'elles surpassent sa suffisance et ses forces, et les reconnaît venir d'ailleurs que de soi, et ne les avoir aucunement en sa puissance, non plus que les orateurs ne disent avoir en la leur ces mouvements et agitations extraordinaires qui les poussent au-delà de leur dessein? Il en est de même en la peinture, qu'il échappe parfois des traits de la main du maître, surpassant sa conception et sa science, qui le tirent lui-même en admiration et qui l'étonnent[1].

J'ai cru devoir multiplier ici, peut-être outre mesure, les citations du texte de notre auteur, ce que j'aurais certainement évité si j'avais considéré les opinions qu'il y émet comme les simples boutades d'un écrivain humoriste qui cherche à amuser son lecteur et non à le convaincre. Mais telle n'a pas été la pensée de Montaigne; il a manifestement voulu établir une thèse, en quoi il semble ne pas avoir aperçu qu'il

. M. et J., t. I, p. 181; L. et Ch., t. I, p. 164.

détruisait les fondements de toute responsabilité humaine. Car quel compte de ses actes peut-on demander à un homme qui peut toujours de son côté en accuser la *Fortune* qui les a inspirés ou dirigés?

Montaigne perdait pied dans les questions d'un ordre trop élevé; le véritable domaine de ses méditations ne s'étendait pas au-delà des idées qui trouvent leur application dans la vie courante. Là, il est à son aise; il s'y meut en pleine liberté et pleine possession de sa raison dont le fond était un bon sens qu'on ne saurait lui contester. Il étudie l'homme et s'étudie lui-même en les divers états d'âme où peuvent le placer le cours et les péripéties de son existence.

Mais le scepticisme, ou si l'on préfère le pyrrhonisme de Montaigne, qui mettait en doute toutes choses et qui avait pris pour devise le *Que sais-je?* formule adoucie du *Nihil scitur* de Sanchez le Sceptique, devait nécessairement répandre sur sa doctrine, s'il en avait une, ce voile d'incertitude qui est le caractère dominant de ses *Essais*. Ce n'est pas un philosophe, un psychologue aux convictions fortes qui parle; il touche à tout, il agite tout et ne décide rien; il fait même semblant de douter de l'identité de sa propre personne lorsqu'il s'écrie : « Moi asture (à cette heure) et moi tantôt sommes bien deux; quand meilleur, je n'en puis rien dire[1]. »

1. M. et J., t. VI, p. 150; L. et Ch., t. IV, p. 80.

Faudrait-il le prendre au mot? Ce serait une abdication complète de son moi. Eh bien! non, Montaigne n'allait pas et ne pouvait aller jusque-là; car il possédait au plus haut degré une qualité morale, disons une vertu *constante* qui commande l'estime d'autrui, bien qu'elle ne provoque pas toujours la sympathie : c'est la probité. Parole toujours franche et loyale, délicatesse absolue dans les actes de la vie civile. Telle fut sa religion dont il avait puisé les principes et vu les exemples au sein de sa famille, et qu'il suivit très scrupuleusement toute sa vie. C'était chez lui un patrimoine héréditaire qu'il considérait comme un trésor d'honneur dont il avait la garde et qu'il devait conserver, en sa personne, intact et pur de toute altération. Ici, pas de cette imagination vagabonde, de ce dilettantisme philosophique ou psychologique qui entraîne souvent notre auteur au-delà des bornes de la raison. Ici, pas du *Que sais-je?* pas d'homme *divers et ondoyant*, pas d'homme qui est *l'un* aujourd'hui et demain *un autre*, sans savoir qui des deux est le meilleur, Non, il s'agit bien ici de Montaigne qui ne change pas et qui reste toujours identique à lui-même; d'un homme qui ne transige pas sur la franchise et la loyauté dans les relations du monde! Et quand il s'en explique, du fond de sa conscience s'échappe un cri qui la met à nu .

En vérité, le mentir est un maudit vice; nous ne sommes hommes, et ne nous tenons les uns aux autres que par la parole. Si nous en connaissions l'horreur et le poids, nous le poursuivrions à feu, plus justement que d'autres

crimes... Il n'y a point d'utilité pour laquelle je me per-
mette de mentir. Ce qui a été fié à mon silence je le cèle
religieusement[1];... Qui me voudrait employer à mentir, à
trahir et à me parjurer, pour quelque service notable, non
que d'assassiner ou empoisonner, je dirais : Si j'ai volé ou
dérobé quelqu'un, envoyez-moi plutôt en galère[2].

Ailleurs, il avait dit :

J'ai vu plusieurs de mon temps, convaincus par leur
conscience de retenir de l'autrui, se disposer à y satisfaire
par leur testament, et après leur décès. Ils ne font rien qui
vaille, ni de prendre terme à chose si pressante, ni de vouloir rétablir une injure avec si peu de leur ressentiment et
intérêt. Ils doivent du plus leur; et d'autant qu'ils payent
plus pesamment et incommodément, d'autant en est leur
satisfaction plus juste et méritoire : la pénitence demande
à charger[3].

C'est là de la morale excellente et tel devait être le
langage d'un homme qui avait puisé dans les tradi-
tions de sa famille et au fond de sa conscience le culte
de *l'honnête;* tel aussi il vécut au milieu des hommes, scrupuleux observateur des règles contenues
dans ces grands principes du droit romain : *honeste*

---

1. Comment Montaigne a-t-il pu écrire dans son chapitre sur *L'Amitié* (liv. I, chap. xxvii) : « L'unique et principale amitié découd toutes autres obligations : le secret que
j'ai juré ne déceler à un autre, je le puis sans parjure
communiquer à celui qui n'est pas autre, c'est moi. »
Maxime aussi fausse que dangereuse à laquelle sa conscience d'honnête homme n'eût jamais cédé. Pur effet de
style!

2. M. et J., t. I, p. 44, t. V, p. 173; L. et Ch., t. I,
p. 47, t. III, p. 308. — M. et J., t. V, p. 178; L. et
Ch., t. III, p. 313.

3. M. et J., t. I, p. 36; L. et Ch., t. I, p. 40.

vivere alterum non lædere, suum cuique tribuere.
Il vécut honnêtement suivant le monde ; il ne fit jamais volontairement tort à personne et ne manqua en aucune circonstance aux obligations dont il se croyait tenu envers *autrui.*

Mais que manquait-il à cette morale de principes et de pratique constante? Il y manquait ce rayon qui vient d'en-haut et qui illumine et réchauffe le cœur ; il y manquait, je le dis encore, l'amour du prochain, cette charité qui va au-delà du droit strict et qui doit être le lien de la société humaine.

L'amour du prochain, ainsi compris, Montaigne ne l'a pas connu. La société des hommes n'était à ses yeux qu'une scène sur laquelle défilaient ses semblables, dont il étudiait les rôles sans jamais s'intéresser à la personne même des acteurs. Eut-il, comme le pense M. Strowski, ce caractère de bonté native qui, sans être la charité chrétienne agissante, peut y conduire? Il n'y paraît pas par la lecture des *Essais,* bien que, dans son chapitre xi du livre II, sur la cruauté, il ait écrit :

Je hais, entre autres vices, cruellement la cruauté, et par nature et par jugement, comme l'extrême de tous les vices ; mais c'est jusqu'à telle mollesse que je ne vois pas égorger un poulet sans déplaisir ; et ouïs impatiemment gémir un lièvre sous les dents de mes chiens, quoique ce soit un plaisir violent que la chasse... Je me compassionne fort tendrement des afflictions d'autrui, et pleurerais aisément par compagnie si, pour occasion que ce soit, je savais pleurer... Les exécutions mêmes de la justice, pour raisonnables qu'elles soient, je ne les puis voir d'une vue ferme... De moi, je n'ai pas su voir seulement, sans déplaisir, poursuivre et tuer une bête innocente qui est sans défense, et de qui nous ne recevons aucune offense [1].

Qu'en faut-il conclure? Que, par tempérament et nervosité, Montaigne ne pouvait voir froidement la souffrance et la mort tant des bêtes que des hommes, état physiologique qui peut très bien s'allier avec une· grande sécheresse de cœur [2]. L'homme, en pareil cas, ne fait aucun effort pour soulager ses semblables; il s'en éloigne, au contraire, et évite les émotions pénibles. C'est de la charité au rebours. N'a-t-il pas d'ailleurs écrit :

J'ai une âme libre et toute sienne; accoutumée à se conduire à sa mode; n'ayant eu jusqu'à cette heure, ni commandant, ni maître forcé. J'ai marché aussi avant, et le pas qu'il m'a plu; *cela m'a amolli et rendu inutile au service d'autrui, et ne m'a fait bon qu'à moi* [3].

Me résumant. J'ai voulu apprécier par moi-même,

1. M. et J., t. III, pp. 158, 161, 164; L. et Ch., t. II, pp. 243, 245, 248.

2. Montaigne n'a-t-il pas d'ailleurs marqué dans le passage suivant la limite, à ses yeux, de ses devoirs envers l'homme, son semblable? « Si il y a un certain respect qui nous attache, et un général devoir d'humanité, non aux bêtes seulement qui ont vie et sentiment, mais aux arbres mêmes et aux plantes. *Nous devons la justice aux hommes*, et la grâce et la bénignité aux autres créatures qui en peuvent être capables : il y a quelque commerce entre elles et nous, et quelque obligation mutuelle. » (M. et J., t. III, p. 168; L. et Ch., t. II, p. 252.)

3. M. et J., t. IV, p. 228; L. et Ch., t. III, p. 64.

dans leurs lignes principales, la philosophie et la psychologie morale de Montaigne.

D'un côté, c'est un doute presque absolu en toutes choses, non pas le doute inquiet de celui qui cherche ardemment la vérité et qui se désespère de ne pouvoir y atteindre, mais un doute résigné, indolent et paisible, qui s'endort dans cette tranquillité.

De l'autre, c'est Montaigne vivant au milieu des hommes dont la morale toute mondaine est uniquement basée sur l'*honnête* et l'*utile*. Il ne connaît et ne veut connaître *que l'art de bien vivre et de bien mourir aux yeux du monde*.

Mûri par l'étude, par l'âge et par l'expérience de la vie, désabusé de la société des hommes et réfractaire à ses sujétions, il se retire en soi-même, ne poursuivant désormais qu'un but : *celui de passer tranquille et à part le peu qui lui restait de vie*.

Il a été dans sa jeunesse ardent et passionné, c'est lui qui le dit ; il est passé successivement par des phases de stoïcisme et de scepticisme ; il a vécu, dit M. Strowski, *en sage parmi les hommes ;* il a étudié l'âme humaine sous toutes ses faces, à travers toutes les contingences de la vie ; il a opposé les faits aux faits, les idées aux idées, les doctrines aux doctrines, les mœurs aux mœurs, et, ne concluant jamais ou presque jamais pour lui-même, il a finalement abouti à cette double formule purement négative :

Certes, c'est un sujet merveilleusement vain, divers et

ondoyant que l'homme; il est malaisé d'y fonder jugément constant et uniforme — et puis : *que sais-je?*

Pensée qui revient sous une autre forme au dernier chapitre de ses *Essais* quand il dit :

Jamais deux hommes ne jugèrent pareillement de même chose, et est impossible de voir deux opinions semblables exactement, non seulement en divers hommes, *mais en même homme en diverses heures*[1].

C'est non seulement la négation de toute créance certaine, mais encore la négation de la raison elle-même. C'est la philosophie du néant.

Il détruit insensiblement, dit Pascal, tout ce qui passe pour le plus certain parmi les hommes, non pas pour rétablir le contraire avec une certitude de laquelle seule il est ennemi, mais pour faire voir seulement que, les apparences étant égales de part et d'autre, on ne sait où asseoir sa créance.

Quel donc va être le sujet de ses méditations lorsque, dans sa retraite volontaire et le recueillement de son esprit, sa pensée libre ne sera plus troublée ou obscurcie par les impressions du monde extérieur?

C'est l'heure où l'homme qui pense se replie sur lui-même; il voit fuir et se perdre dans les voiles du passé les temps de sa jeunesse et s'approcher de plus en plus le terme fatal de son existence. Il médite alors sérieusement sur les causes de sa naissance, le sens de sa vie, et le terrible inconnu qui l'attend après. S'il a bu à la coupe des plaisirs mondains aux-

1. M. et J., t. VII, p. 6; L. et Ch., t. IV, p. 252.

quels il ne peut plus goûter, tout en les regrettant peut-être il en comprend toute l'inanité; et sa pensée, alors plus intime, plus profonde, se dégage de ces images décevantes pour chercher à pénétrer le mystère de sa destinée finale; sanction redoutable de sa vie terrestre. Quel plus digne, quel plus noble usage l'homme éloigné de la vie active peut-il faire de sa raison? Il trouve dans ces graves méditations la sérénité de l'esprit et le calme de la conscience que ne lui ont pas donnés le monde et ses agitations; il appelle sur lui le rayon de lumière qui vient éclairer l'incrédule, réchauffer l'indifférent et faire apparaître à leurs yeux le port de consolation qui doit être leur dernière espérance!

Montaigne a étudié l'âme humaine sous tous ses aspects, et observé sur lui-même combien elle peut être vouée à l'incertitude et sujette à l'erreur. N'est-ce pas, arrivé à cette dernière étape de sa vie, dans la pleine liberté d'esprit de sa retraite volontaire, qu'il doit, lui penseur, rappelant à son souvenir tout ce qu'il a pensé, dit ou fait, se contrôler et chercher les fondements d'une croyance ferme et définitive? Ce n'est plus l'heure, ni des enthousiasmes irréfléchis, ni des répulsions instinctives, ni de ces mille entraînements auxquels peuvent céder une ardente imagination et un caractère facilement impressionnable. Non, la froide raison et la conscience libre reprennent ici leur légitime empire et se jugent dans une complète indépendance, alors que la pensée humaine,

détachée des impressions physiques qui pourraient la ramener encore vers la terre, entre plus pleinement dans ce monde intellectuel et moral qui est sa véritable patrie.

Voyons donc quelles ont été au déclin de ses jours les méditations de notre auteur qui ne veut rien cacher au public, ni de son for intérieur, ni de sa personne physique. On en trouve, si je ne me trompe, le véritable caractère et l'exacte mesure dans les chapitres v et xiii du livre III et dernier de ses *Essais*.

Il nous raconte au chapitre v (ici je résume) : qu'au temps de sa jeunesse, plein de vigueur et d'entrain, il avait besoin de mettre un frein à son exubérance, mais que maintenant les conditions de la vieillesse l'ont assagi et l'instruisent ; — que de l'excès de la gaîté il est tombé en celui de la sévérité plus fâcheuse, — qu'à cette heure il se laisse aller un peu à la débauche par dessein, — qu'il emploie quelquefois l'âme à des pensements folâtres et jeunes où elle séjourne, — qu'il se défend de la tempérance comme autrefois de la volupté, — qu'il s'en va en la récordation des *jeunesses passées*, — que les ans l'entraînent s'ils veulent, mais à reculons ; et autant que ses yeux peuvent reconnaître cette belle saison expirée, il les y détourne à secousses, — que si elle échappe enfin de son sang et de ses veines, au moins n'en veut-il pas déraciner l'image de la mémoire.

On voit comment il se recueille et s'efforce, autant qu'il dépend de lui, de tourner le dos à la mort qui le guette, en portant toutes ses pensées vers les plaisirs d'antan. Et comme ses souvenirs personnels, bien qu'il étale avec une jactance toute gasconne ses anciennes prouesses, ne sont pas suffisants pour réchauffer son imagination un peu refroidie et secouer ses sens défaillants, il emprunte à ses vastes lectures des tableaux érotiques que la décence publique et le respect de ses lecteurs eussent dû lui interdire. Il déclare, il est vrai, qu'il n'est pas de si longtemps cassé de l'état et suite de ce dieu (l'Amour) qu'il n'ait la mémoire informée de ses forces et valeurs; qu'il y a encore quelque demeurant d'émotion et chaleur après la fièvre; que tout asséché qu'il soit et appesanti, il sent encore quelques tièdes restes de cette ardeur passée, *mais que pour lui maintenant les forces et valeurs de ce dieu se trouvent plus vives et plus animées en la peinture de la poésie*[1].

Là, Montaigne se flatte beaucoup trop, selon moi; car les regrets qu'il exprime et les images vraies ou fictives qu'il suit n'ont rien de poétique ni d'émouvant. Les accents du cœur et cette couleur de poésie qui embellit toutes choses y font complètement défaut. Toute cette partie de l'œuvre de notre auteur, on ne peut le nier, est d'un réalisme outré et quelquefois même répugnant.

Enfin, dans le chapitre XIII, bien qu'il se fût déjà

1. M. et J., t. V, p. 260; L. et Ch., t. III, p. 401.

mis en scène à satiété, il y revient une dernière fois
pour offrir à ses lecteurs un portrait très vivant, très
détaillé par le menu, de sa personne physique, de
ses habitudes et de ses actes les plus secrets. Il s'y
dessine, malgré les réserves de son avant-propos, *tout
entier et tout nu*, cédant, sans aucun souci de la
décence publique, à ce désir malsain qui lui faisait
dire : « Je suis affamé de me faire connaître et ne
me chaut à combien, pourvu que ce soit véritablement[1]. »

Après avoir établi un parallèle entre l'homme qui
vit surtout par l'esprit et celui qui ne recherche que
les satisfactions corporelles, il écrit et se dépeint lui-
même :

Or sus, pour voir, faites-vous dire un jour les amuse-
ments et imaginations que celui-là met en sa tête, et pour
lesquelles il détourne sa pensée d'*un bon repas*, et plaint
l'heure qu'il emploie à se nourrir : vous trouverez qu'il n'y
a rien si fade, en tous les mets de notre table, que ce bel
entretien de son âme (le plus souvent il vaudrait mieux
dormir tout à fait que de veiller ce à quoi nous veillons);
*et trouverez que son discours et intentions ne valent pas
notre capilotade....* Entre nous, ce sont choses que j'ai
toujours vues de singulier accord, les opinions super-
célestes et les mœurs souterraines... Les plus belles vies
sont, à mon gré, celles qui se rangent au modèle commun
et humain avec ordre, mais sans miracle, sans extravagance[2].

Et le dernier mot de ses *Essais*, le dernier désir de

---

1. M. et J., t. V, p. 257; L. et Ch., t. III, p. 397.
2. M. et J., t. VII, pp. 90, 92; L. et Ch., t. IV, pp. 331,
338.

ses vieux jours, son cri suprême, il l'emprunte au
plus sensuel, au plus épicurien des poètes latins, à
Horace !

Frui paratis et valido mihi,
Latoe, dones, at precor, integra
Cum mente; nec turpem senectam
Degere, nec cithara carentem[1].

La lecture de ces dernières pages laisse, le dirai-
je? une impression de déchéance chez ce penseur
psychologue; l'impression d'une sorte de *gâtisme*
intellectuel et moral dans lequel son esprit, affaibli,
retombe lourdement sur la terre et ne vit plus « qu'en
la récordation de ses jeunesses passées ».

Ce n'est pas là assurément l'attitude d'u . sage, en
pleine possession de sa raison virile, dont la pensée
semble devoir s'épurer et s'élever à mesure que s'é-
mousse l'aiguillon des sens et qu'il se rapproche de
plus en plus des portes de l'éternité qui vont s'ouvrir
devant lui.

L'éminent et judicieux professeur, M. Strowski,
sans fermer les yeux sur les côtés critiquables de
l'œuvre de notre auteur, se montre à son égard d'une
indulgence qui me paraît un peu exagérée. Il ne veut
voir dans cet état d'âme, que j'appelle une sorte de

1. «Concède-moi, je te supplie, ô Latonien, que je jouisse
en santé des biens qui me sont acquis, avec un esprit entier
et sain, et que je ne passe point une laide vieillesse, ni
privée des délices de ton culte. »

(Traduction de Mlle de Gournay.)

gâtisme, qu'un *glissement* final dans le dilettantisme auquel il tendait par une évolution naturelle.

Ce n'est plus une crise, dit-il[1], que ce *dilettantisme* qui
est maintenant la maîtresse forme de Montaigne, ce n'est
plus une étape : c'est le gîte final où l'on attend la mort.
Faut-il considérer ce dilettantisme comme la conclusion
naturelle vers laquelle tendait l'évolution de Montaigne?
ou comme un accident imprévu qui provoqua l'abdication
de sa sagesse et la banqueroute de sa philosophie? Comme
l'un et l'autre à la fois... C'est par épicurisme qu'il fut
stoïcien; c'est par épicurisme aussi, peut-on dire, qu'il fut
pyrrhonien... Épicurisme, pyrrhonisme, universelle curiosité, aptitude « à s'insinuer en la place d'autrui ». Si tel
est le mouvement de Montaigne, n'est-ce pas un mouvement vers le dilettantisme?

Pour ma part et sans aller me perdre dans ces
subtilités d'analyse où excelle M. Strowski, je ne
peux voir dans le prétendu dilettantisme de notre
auteur — dilettantisme que ne recommandent d'ailleurs ni la noblesse et distinction de son objet, ni
l'élégance et la finesse de la forme — que la fâcheuse
sénilité d'un psychologue moraliste qui, descendu des
hauteurs spéculatives qu'il avait tentées, ne se repaît
plus que des images assez effacées de ses plaisirs
terrestres.

Telle est aussi l'impression de M. Strowski, qui
ajoute :

Voir Montaigne arriver au dilettantisme, c'est donc une
déception pour nous; il nous semble que si la suite de son
évolution l'y menait, la qualité et la tension de son âme
auraient dû le soutenir. Et pourtant, il y tombe. Ce dilet-

---

1. P. 313 et suiv.

tantisme est, en effet, indéniable, et le voilà du premier coup
achevé et parfait... Tout ce qui est nouveau et sangrenu
amuse maintenant Montaigne. Il recueille les faits, les
anecdotes que gens et livres lui fournissent, et il ne
demande plus guère aux livres que cela : « Je lis à *cette
heure* pour m'ébattre. » Aussi les *Essais* sont-ils devenus,
comme le dit M. Stapfer, « *un répertoire divertissant des
pires absurdités humaines, des pratiques ou des coutumes
locales les plus étranges et les plus ridicules* ».

Et l'auteur aurait pu ajouter : *les plus immondes.*

Ce jugement ne peut que confirmer ma manière
de voir.

Est-ce à dire que Montaigne, dans ses heures de
recueillement, ne dut avoir que des idées moroses et
désolantes? Non, certes. L'homme qui s'isole, j'entends l'homme sage, ne cherche pas à vivre dans la
tristesse, ni à se nourrir de la haine du prochain et
du mépris de ses semblables. En se repliant sur lui-
même, loin des agitations de la vie extérieure, il y
cherche et y trouve souvent la liberté de l'esprit et le
calme de la conscience. Il se grandit à ses propres
yeux par les hautes aspirations qui le soulèvent et par
une vue plus claire de sa destinée finale ; et l'humanité, dont il a peut-être souffert dans les luttes inévi-
tables des rapports sociaux, ne lui apparaît plus que
purgée des scories dont il perd le souvenir ; et, dans
le progrès de sa marche vers l'inconnu, ses méditations, où se mêlent alors tout ce qu'il y a en nous de
raison, d'intelligence, d'imagination, de bonté et
d'amour, revêtent le charme de pureté et de poésie
qui conviennent au vrai philosophe.

Telles ne furent pas celles de Montaigne. Étienne Pasquier raconte sans doute que Montaigne, atteint d'une esquinancie dont il devait mourir et sentant sa fin prochaine, fit appeler auprès de lui quelques gentilshommes de son voisinage pour prendre congé d'eux.

Arrivés qu'ils furent, ajoute-t-il, il fit dire la messe en sa chambre, et comme le prêtre était sur l'élévation du *Corpus Domini*, ce pauvre gentilhomme s'élança au moins mal qu'il put, comme à corps perdu, sur son lit, les mains jointes, et, en ce dernier acte, rendit son esprit à Dieu, qui fut un beau miroir de l'intérieur de son âme.

A cet instant? Je le veux bien; mais ce qui, selon moi, ne peut être d'aucun poids pour juger sa vie, ses écrits, ses doctrines et ses états d'âme antérieurs.

Le livre des *Essais*, depuis son apparition fin du seizième siècle jusqu'à ce jour, a traversé des fortunes diverses : tantôt exalté, tantôt condamné, tantôt presque oublié et puis ressuscité, suivant les temps et le mouvement des idées, ce qu'explique suffisamment le caractère de sa prétendue philosophie vague et incertaine, et sa morale mondaine, sans principes fixes.

Ceux qui n'envisageaient que le côté purement utilitaire de ses maximes ont pu, dès son apparition, s'écrier avec Mlle de Gournay et le cardinal du Perron : « *Ce livre désenseigne la sottise*, — c'est le bréviaire des honnête gens. »

Et, comme tout homme tient à passer pour un

honnête homme et qu'il ne veut pas non plus être tenu pour un *sot*, chacun cherchait dans le livre les maximes propres à le conduire à ce double résultat.

Jugé sévèrement par les philosophes du dix-septième siècle, il eut pour adversaires déclarés : Descartes, Malebranche, qui l'appelait *un pédant à la cavalière*, et les jansénistes de Port-Royal, qui lui reprochaient *ses infamies honteuses, ses maximes épicuriennes et impies, et le venin dont il était plein.*

Pascal, qui l'avait beaucoup lu et médité, n'est pas moins sévère, quoique avec moins d'âpreté.

La brillante phalange des écrivains qui auréolait le front du Roi-Soleil semble l'avoir à peine connu, bien que quelques femmes auteurs, comme Mme de Sévigné, l'aient particulièrement goûté.

Au dix-huitième siècle, les encyclopédistes de l'école de d'Alembert et de Diderot, qui ne considérèrent en Montaigne que *le sceptique, ou du moins jugé tel, le railleur, le libertin, le Montaigne à la bouche effrontée*, lui ont donné un regain de notoriété qui s'accordait avec leur philosophie matérialiste et leur morale *déliquescente*[1].

Si la critique reste unanime sur le mérite de l'écrivain, le haut rang qu'il occupe dans notre Panthéon littéraire et la part qui peut lui revenir dans le progrès des idées modernes, il est certain que ses aperçus

1. Voir biographie Michaud.

philosophiques ou psychologiques, tout imprégnés des
écrits de l'antiquité dont il s'était abondamment
nourri et qui ne convenaient déjà plus à son temps,
conviennent encore moins au nôtre. Montaigne voulut
paraître sceptique ou pyrrhonien, à la mode des
anciens. Le fut-il réellement ou n'y eut-il là qu'une
vaine ostentation?

On s'égorgeait, dit Lacretelle, pour des opinions dogmatiques nées de l'école, et qui n'eussent jamais dû en fran-
chir l'enceinte, lorsque Montaigne osa proposer à ses
contemporains un refuge où il avait trouvé la paix, *le
Doute philosophique*... Plus Montaigne entendait répéter:
Crois ou meurs, plus il trouvait de sagesse dans le doute.
La frénésie de ses compatriotes fit seule l'excès de son
scepticisme.

Singulière attitude attribuée, je ne dis pas à un
homme qui, mêlé à la société de son temps, peut avoir
intérêt, dans ses discours ou ses actes, à se réserver
au milieu du conflit des opinions contraires qui s'agitent autour de lui; mais c'était un penseur qui écrivait non seulement pour ses contemporains, mais
aussi et surtout pour la postérité à laquelle il léguait
sa pensée et ses doctrines pouvant se résumer ainsi :

Quant à moi, je ne crois ni à la raison humaine, ni à la
raison divine; je doute de tout et ne m'inquiète de rien;
je m'endors dans la douce quiétude d'un repos d'esprit
volontaire.

L'esprit moderne se détourne de plus en plus des
idées abstraites, religieuses, philosophiques ou psychologiques, si ce n'est encore dans le roman ou le

théâtre; il incline presque exclusivement vers les études de la nature physique dont il cherche à connaître les plus secrets ressorts, et dont il s'attache surtout à utiliser toutes les forces pour la plus grande intensité de la vie humaine.

Montaigne, dont la science purement *livresque* n'avait rien de commun avec cette science-là, n'est plus de notre temps et il n'est même guère permis de l'appeler aujourd'hui un philosophe opportun. A ce point de vue, il ne relève que de l'érudition historique. Non pas qu'il n'y eût encore beaucoup à glaner dans le livre des *Essais* pour les usages de la vie. Les maximes marquées au coin du bon sens y abondent assurément; mais elles y côtoient constamment les rêveries d'une imagination débridée où la saine raison perd ses droits.

Suffirait-il, pour l'excuser, de dire avec M. Stapfer, p. 85,

que les *Essais* sont un répertoire divertissant des pires absurdités humaines, des coutumes et des pratiques locales les plus étranges et les plus ridicules; qu'avec une apparente crédulité où il ne faut voir que le bel appétit d'une imagination qui se régale, Montaigne enregistre curieusement tous les contes bleus, toutes les bourdes saugrenues des voyageurs bavards et badauds, des historiens menteurs et des naturalistes de fantaisie; mais qu'il serait bien fâché cependant que ses « rêveries » pussent porter le moindre préjudice à « la plus chétive loi, opinion ou coutume » du dernier village du royaume, et il ne serait pas « si hardi à parler » s'il lui appartenait d'en être cru.

N'est-ce pas là la condamnation même du livre?

Non, Montaigne n'a écrit ni en vrai philosophe, ni en vrai moraliste de principes ; et, malgré l'intérêt incontestable qui s'attache à la lecture des *Essais*, malgré les idées justes et les saines maximes disséminées dans l'Œuvre, n'est-il pas permis, au double point de vue de mon étude, de juger cette lecture plus attrayante qu'utile, plus dangereuse, peut-être, que salutaire?

MÉDITATIONS PHILOSOPHIQUES

A Me ÉMILE LAURÈS

AVOCAT ET PRÉSIDENT DE LA SOCIÉTÉ ARCHÉOLOGIQUE,
SCIENTIFIQUE ET LITTÉRAIRE DE BÉZIERS.

*Témoignage de notre vieille
et constante amitié.*

E. DE REY-PAILHADE.

MÉDITATIONS PHILOSOPHIQUES

Quel est l'homme qui, se repliant sur lui-même au déclin de ses jours, ne se demande pourquoi il est venu au monde, pourquoi il meurt et ce qu'il devient après? Sa naissance a une cause supérieure qu'il ne connaît pas; sa vie physique et morale est soumise à un dualisme dont il ignore le lien et les rapports; il dépérit et meurt sans que sa volonté y puisse rien; il passe comme un trait de lumière entre deux profondes obscurités et il voit s'approcher avec une angoisse qui augmente d'heure en heure le moment de cette mort qui va résoudre le redoutable problème de sa destinée future.

Grand et terrible mystère! Nuit affreuse de l'Inconnu qui nous attire et nous effraie, dont nous cherchons sans cesse à sonder les profondeurs et dont la réelle compréhension nous est constamment refusée! L'homme, jeté au sein de cette immensité qui l'entoure, a le sentiment de sa faiblesse au milieu de toutes les forces de la nature universelle dont il est en quelque sorte le jouet. Le moindre phénomène où il croit voir un danger, qu'il ne peut ni expliquer ni conjurer, lui inspire de l'effroi et le porte à apaiser, dans une forme quelconque de prière, la puissance occulte et supérieure contre laquelle il se sent impuissant.

Tel est le fondement de toute religion, le fait initial qu'on appelle en philosophie *l'émotion religieuse ;* sentiment si naturel que, malgré tous les progrès de la raison humaine, malgré les admirables conquêtes des sciences physiques qui ont rejeté dans un lointain, qui n'est pas d'ailleurs sans grandeur, l'action divine que les anciennes théogonies mêlaient d'une façon immédiate à tous les phénomènes de la nature, n'en reste pas moins imprimé, ineffaçable, au fond de notre conscience. Car, nous avons beau étendre constamment les bornes de nos connaissances, chercher à ramener à des lois naturelles toutes les manifestations de la vie universelle, nous allons toujours nous perdre dans cet insondable inconnu : l'alpha et l'oméga de toutes choses.

En est-il beaucoup, même parmi ceux qui n'ont connu de la vie que ses amertumes et ses pires dégoûts, qui soient tentés de s'écrier avec le poète du *Dies iræ* (Poèmes antiques) :

> Et toi divine mort où tout rentre et s'efface,
> Accueille tes enfants dans ton sein étoilé.
> Affranchis-nous du temps, du nombre et de l'espace
> Et rends-nous le repos que la vie a troublé[1] !

1. Leconte de Lisle ayant été élu à l'Académie française,

Dans son grand ouvrage : *De l'Évolution religieuse contemporaine chez les Anglais, les Améri-
cains et les Hindous*, Goblet d'Alviella a donné de
la religion, considérée comme *fait*, la définition suivante : « Par religion, j'entends la façon dont
l'homme réalise ses rapports avec les puissances surhumaines et mystérieuses dont il croit dépendre »,
définition qui me semble bien exacte, car dès l'instant que les premiers hommes ont été réunis en société, ce qui est leur condition nécessaire, l'*Émotion
religieuse*, qui était d'abord toute spontanée et individuelle, est devenue un sentiment commun auquel
la collectivité a donné des formules et dont elle a
réglé les manifestations. De là, le grand nombre de
religions qui se sont partagé le monde, la diversité
des croyances et des dogmes adoptés par les différents
peuples et des rites qui ont constitué les formes du
culte.

L'homme livré à sa propre raison, dont il se sert
avec une entière indépendance, est naturellement
porté à rechercher la cause de tous les phénomènes
qui le frappent vivement. Revenu, si l'on peut ainsi
parler, de sa première *stupéfaction*, il veut con-

Alexandre Dumas fils, qui fut chargé de répondre au réci-
piendaire, dans la séance du 31 mars 1887, lui reprocha
son pessimisme, ajoutant malicieusement : que s'il aspi-
rait si fort après le néant, il ne dépendait que de lui d'y
rentrer quand il lui plairait; ce que le poète ne fit que le
18 juillet 1894, contraint et forcé assurément.

naître la nature de cette force mystérieuse qu'il sent mais qu'il ne voit pas. Le doute lui est insupportable et dans son ardente recherche à travers l'inconnu (*deus absconditus*) où ses yeux se troublent et l'égarent souvent, il établit ses croyances sur de pures hypothèses, qui peuvent devenir les fondements de sa foi.

Le sentiment religieux, dit M. Mariller dans la *Grande Encyclopédie* (vo Religion), constitue l'âme vivante et créatrice de la Religion, mais cette religion qu'il suscite dans les âmes ne se réalise que par des croyances, des conceptions et des pratiques définies. Fond et forme sont inséparables; ils n'existent que l'un par l'autre, l'un en fonction de l'autre; mais tandis que l'*émotion pieuse* ne se transforme que très lentement et qu'elle subsiste analogue sinon identique dans le cœur d'un chrétien libéral à ce qu'elle était dans l'âme d'un Égyptien contemporain de Ramsès II, à ce qu'elle est encore dans celle d'un noir d'Afrique ou d'un indigène d'Australie; pratiques, dogmes, mythes, symboles, institutions sacrées vont évoluant sans cesse, soumis à une loi de perpétuel devenir.

Ue sentiment primordial, d'abord confus, sans doute, que l'on trouve au fond de toutes les consciences et qui y reste indélébile depuis l'état le plus primitif de l'homme jusqu'aux plus hauts degrés de sa civilisation, comprend, sous deux termes corrélatifs absolument nécessaires l'un à l'autre, le fondement de toute religion digne de ce nom, à savoir : *Dieu* et l'*âme humaine.*

Il est certain que l'homme, livré aux incertitudes de sa raison, a pu varier beaucoup suivant les temps, les mœurs des peuples et leur état de culture, sur le fond et la forme de ses premières croyances. C'est ainsi qu'on a pu dire « que pratiques, dogmes, mythes, symboles, institutions sacrées vont évoluant sans cesse, soumis à une loi de perpétuel devenir ». Mais dans le mouvement toujours ascendant des idées, le principe fondamental de la Religion : *Dieu et l'âme humaine*, se dégage avec une force et une clarté que la saine raison ne saurait méconnaître. Ce double concept peut se formuler ainsi :

— Dieu est l'être infini, absolu et parfait qui a produit toutes choses et qui les gouverne toutes (défi-nition empruntée au livre de M. P. Janet, *Principes de métaphysique*, t. II, p. 86).

— L'âme humaine est la substance immatérielle qui sent en nous, qui pense et qui veut.

Que de temps n'a-t-il pas fallu, par quelles routes la raison humaine n'a-t-elle pas dû passer et s'y perdre souvent pour arriver à cette haute et pure conception de l'Être suprême et de notre âme ?

Aujourd'hui encore, et avec peut-être une plus grande puissance de dialectique, ne voit-on pas le monde des philosophes et des métaphysiciens partagé en deux camps principaux (abstraction faite des systèmes particuliers qui s'y rattachent), où l'on trouve d'un côté *les spiritualistes*, qui admettent un Dieu souverain, créateur et ordonnateur de l'univers, et dans l'homme une âme et un corps unis, mais non confondus, et de l'autre *les matérialistes*, qui nient Dieu et ne veulent voir partout qu'une matière incréée, puisant en elle-même son principe de vie et de mouvement?

I

La pensée de la pensée, qui est une des nombreuses définitions qu'on a données de la philosophie ou de son objet, doit être le point de départ de toutes les recherches métaphysiques; car c'est par elle que nous nous élevons vers les régions inaccessibles de cet absolu d'où toutes choses dépendent.

Au point de vue scientifique, a dit Claude Bernard, la philosophie représente l'aspiration éternelle de la raison humaine vers la connaissance de l'inconnu. Les philosophes se tiennent toujours sur les questions en controverse et dans les régions élevées, limites supérieures des sciences. Par là, ils communiquent à la pensée scientifique un mouvement qui la vivifie.

Mais cette pensée, qui s'élance si audacieusement dans ces champs de l'inconnu d'où elle ne doit rapporter, suivant une autre définition, *que quelques vérités relatives et des approximations successives de la vérité finale*, quelle est-elle?

Quelle est sa nature et l'autorité qui s'attache à ses conceptions? Telle est la première question qui s'impose à notre esprit, telle est la base sur laquelle doit reposer tout l'édifice des spéculations métaphysiques.

Suivant la doctrine spiritualiste, la pensée émane d'une substance immatérielle unie par un lien invisible au corps dont elle est indépendante en soi et auquel elle survit après sa destruction. Cette substance, qu'on appelle l'âme, qui pense, qui veut, et qui est libre, constitue proprement la personnalité de l'homme, son identité, sa dignité et toute sa responsabilité morale. Non, répond le matérialisme; tout est matière; l'homme, qui est le *complexus* le plus parfait de la matière organisée sur notre globe, est *un* dans l'ensemble de son organisme. Inutile de le dédoubler et de supposer une juxtaposition de substances rivales pour expliquer ses fonctions multiples et diverses qui ont toutes pour origine la nature elle-même, c'est-à-dire la matière.

L'existence de l'âme en tant que substance distincte du corps ne peut être l'objet d'une démonstration directe. L'homme *pense*, vérité indiscutable que Descartes a posée comme fondement de sa méthode philosophique. Mais quelle est la substance, la cause génératrice de la pensée? Elle ne tombe pas sous nos sens, elle échappe à toute observation directe; et, quand les *idéalistes* d'un côté affirment que c'est l'âme qui pense et non le corps, et que d'un autre côté les *matérialistes*, en niant l'existence de l'âme, rattachent à la matière seule tous les phénomènes de la pensée, ils n'apportent, ni les uns, ni les autres, aucune preuve positive de leur affirmation. C'est toujours le même doute dans lequel s'agite et se débat, constamment impuissante, la raison humaine, et qui pousse les uns vers un scepticisme absolu aussi stérile que désolant, tandis qu'il ramène les autres au sentiment religieux primordial et à la foi qui vivifie et qui console[1].

La biologie, qui étudie les lois de la vie et qui essaye d'en pénétrer tous les secrets, a poussé très loin la connaissance générale de nos organes et de leur fonctionnement, et particulièrement celle du cerveau, considéré *comme l'appareil récepteur de nos sensations et l'organe qui préside aux actes intellectuels et volontaires.*

On a constaté qu'à mesure que l'animal s'élève vers l'homme, dans l'ordre des vertébrés, son cerveau se développe par la formation de lobes et de circonvolutions périphériques qui marquent le progrès ascendant de l'intelligence chez ces animaux.

Après de nombreuses et très subtiles expériences, dont l'exactitude n'est pas toujours à l'abri de la critique, on a cru pouvoir localiser dans telles ou telles régions du cerveau, qu'on appelle *les centres psychomoteurs*, l'action spéciale de cet organe sur les divers actes de notre vie physique et intellectuelle. Mais, vaines recherches, disons-le, de la science expérimentale au point de vue purement psychologique, car si elle a bien démontré sans doute que le cerveau, dans son ensemble, constitue un organe sans lequel il ne

---

1. En 1824, quelques mois avant d'entrer au Séminaire de Saint-Sulpice pour y prendre les ordres, Lacordaire écrivait à un de ses amis : « Un peu de philosophie éloigne de la Religion, beaucoup de philosophie y ramène : grande vérité ! »

saurait y avoir ni intelligence apparente, ni volonté, ni instincts, ni sensibilité ; si la théorie des localisations cérébrales a pu déterminer les centres d'action des mouvements physiques et atteindre même la pensée dans certaines de ses manifestations, le mécanisme physiologique qui lui donne naissance est resté constamment fermé à toutes les investigations, à toutes les analyses. Ne faut-il donc pas se borner à considérer le cerveau comme un miroir, ou mieux comme une plaque sensible qui est impressionnée tout à la fois par les phénomènes extérieurs et par les mouvements intimes de l'âme, et qui, tenant l'union de l'esprit et du corps, ces deux facteurs indiscutables de notre existence, joue plus ou moins bien, suivant les cas, le rôle d'agent intermédiaire entre eux ?

Si les sciences naturelles sont impuissantes à découvrir la véritable nature de la pensée, son essence et son lieu d'origine, elle ne peut être étudiée qu'à un point de vue philosophique. Ce n'est que dans cette voie qu'on peut arriver, sinon à la connaître d'une façon absolue, ce qui est hors de notre portée, du moins à dégager de cet examen des présomptions suffisantes de la vérité finale.

Quand on considère cet immense univers, au sein duquel nous flottons comme des atomes, et que l'on étudie la matière (corps simples ou organisés) qui en constitue l'élément sensible, on constate que partout et toujours elle obéit à des lois physiques fixes et invariables qui règlent ses mouvements et auxquelles elle ne saurait se soustraire par un acte d'initiative quelconque. C'est à la fixité et à l'invariabilité de ces lois que les sciences naturelles empruntent leur caractère de certitude. Quel plus bel exemple que celui du génie humain s'élançant sur les ailes de la science vers les profondeurs du ciel étoilé pour y découvrir les lois du mouvement des corps célestes et les calculer avec une telle exactitude qu'il peut, longtemps à l'avance, prédire avec une admirable précision les diverses phases de leur course dans l'espace! N'est-ce pas l'étude et la connaissance de ces lois qui ont permis à l'illustre Leverrier de signaler sans l'avoir vue, par un effort de calcul qui confond l'imagination, aux derniers confins de notre système planétaire, la planète Neptune, qui fut peu de temps après réellement découverte dans la partie du ciel qu'il avait indiquée? Triomphe de la science et attestation éclatante de l'ordre invariable de l'univers! L'homme, dans sa vie organique, est également soumis à un ensemble de lois constantes auxquelles sa volonté ne peut rien changer. La respiration, la circulation du sang, les digestions, les sécrétions nécessaires, etc., qui sont les manifestations de sa vie physique, s'accomplissent toujours en lui (l'état de maladie étant excepté) de la même façon, qu'il le veuille ou qu'il ne le veuille pas. Il ne saurait, par un simple effort de sa volonté, suspendre en quoi que ce soit le fonctionnement régulier et fatal de cet organisme.

La pensée, par essence, est absolument libre; c'est

là un point qui défie toute négation. Que la maladie, que les événements externes puissent influer sur l'état de notre esprit, altérer notre caractère et modifier dans une certaine mesure le cours de nos idées, cela est incontestable, mais n'infirme en rien le principe de l'indépendance de la pensée, que l'on doit théoriquement envisager en un sujet complètement sain. Et alors, quelle assimilation peut-on établir entre les fonctions du corps et les opérations de l'esprit? Quand on voit la pensée se dégager de son enveloppe matérielle et s'élever librement dans le monde des idées, n'a-t-on pas une image de cette séparation de la dernière heure où le corps reviendra à la terre d'où il est sorti, pendant que l'âme, affranchie de toute entrave terrestre, remontera à la source éternelle de toute intelligence? Telle est l'image donnée par Platon dans sa célèbre parabole *de la Caverne :*

La prison, dit-il (la caverne), c'est le monde sensible où nous vivons; le feu qui l'éclaire, c'est la lumière du soleil; ce prisonnier qui monte pour aller contempler la région supérieure, c'est l'âme s'élevant jusqu'au monde intelligible.

(*Extraits* de Platon, par Georges Dalmeyda, p. 111.)

Les discussions philosophiques qui roulent sur la distinction de l'âme et du corps ont pour base d'observation la pensée, qui ne peut qu'être de la même essence dont elle émane. Or, la pensée est essentiellement immatérielle; elle n'est donc pas un produit de la matière : son principe, son *substratum* ne pouvant qu'être immatériel comme elle : c'est l'âme.

Qu'importe, disent les matérialistes, que la pensée ne soit en soi ni tangible ni visible, et que ses manifestations ne s'adressent qu'à l'intelligence? Elle n'est jamais qu'un phénomène de la matière organisée et de la force vitale qui lui est inhérente, force ou puissance invisible dont nous n'apercevons que les effets; de même que nous ne connaissons que par leurs effets sensibles d'autres propriétés incontestables de la matière, telles que l'électricité, le fluide magnétique et les grandes forces de l'attraction universelle. Ce matérialisme exclusif sur l'origine et la nature de la pensée humaine est la dernière expression du système cosmogonique qui ne veut voir dans l'infini de l'espace et du temps qu'une matière éternelle, incréée, éternellement vivante jusque dans ses éléments les plus inertes en apparence, animée d'une énergie qui lui est propre et qui explique tous les phénomènes tant physiques qu'intellectuels de la vie. C'est, suivant le mot de l'école, la *matière-force* s'agrégeant ou se désagrégeant, se transformant sans cesse de mille façons et suivant certaines lois dont elle seule est le principe. Pure hypothèse assur'ment; car l'origine des choses, leur essence (esprit ou matière), la cause première de tout ce qui existe échappant à notre observation directe, les conceptions que nous pouvons nous en former ne sont jamais que des inductions tirées des faits ou phénomènes qui tombent dans le champ de nos connaissances positives. Mais la raison humaine cherche, cherche toujours, curieuse et avide ; elle s'efforce de s'élever au-dessus d'elle-même et d'atteindre les inaccessibles régions de cet inconnu qui la tente et que Littré, dans une splendide image, a comparé « à un océan qui vient battre notre rive et pour lequel nous n'avons ni barques, ni voiles, mais dont la claire vision nous est aussi salutaire que formidable ».

L'homme, a dit admirablement Pascal, n'est qu'un roseau, le plus faible de la nature, mais c'est un roseau pensant. Il ne faut pas que l'univers entier s'arme pour l'écraser. Une vapeur, une goutte d'eau, suffit pour le tuer. Mais quand l'univers l'écraserait, l'homme serait encore plus noble que ce qui le tue, parce qu'il sait qu'il meurt, et l'avantage que l'univers a sur lui, l'univers n'en sait rien. Toute notre dignité consiste donc en la pensée.

Il est impossible d'exprimer avec plus de force la distinction que les matérialistes se refusent à admettre entre la matière et l'esprit. Sans doute, nous ne connaissons pas *l'esprit en soi, et ce qui le prouve,* dit M. Janet (*Principes de métaphysique et de psychologie,* t. I, pp. 358 et 359), c'est que « nous n'en connaissons pas l'origine, au moins par la conscience immédiate. Est-il créé ou dérive-t-il de l'esprit divin comme le mode dépend de la substance? Où se perd-il quand il disparaît? Nous ne le savons pas davantage. Voilà l'inconnu, mais c'est l'absolu du moi qui nous échappe ; ce n'est pas le moi lui-même ; le moi concret nous est connu à tout autre titre qu'à titre de *collections de sensations ou de résultante de choses matérielles.* Il est au moins ceci, à savoir: un acte simple et supérieur par lui-même à tout ce

que nous connaissons sous le nom de matière. Ce qui
est au-delà de la conscience ne peut être que d'ordre
supérieur et en quelque sorte divin ». A ce concept
du moi ou de l'esprit en tant qu'acte simple et ne
pouvant être considéré comme la résultante de choses
matérielles, il faut joindre la preuve qui s'évince
avec pleine évidence de la liberté et de l'indépendance
de la pensée, comparées aux fonctions organiques du
corps ; liberté et indépendance dont la réalité est aussi
indiscutable que celle de la pensée elle-même. N'est-
il pas évident, je l'ai déjà dit, que notre corps obéit
aux lois physiques qui lui sont imposées par la
nature? N'est-il pas non moins évident que la fixité
de ces lois est la base des sciences naturelles et
notamment de la biologie, auxquelles revient l'éternel
honneur de les avoir découvertes et formulées? Or,
comment peut-on rationnellement ramener au même
principe, rattacher à la même cause les phénomènes
intellectuels et physiques? La mobilité de la pensée,
cette activité incessante de l'esprit qui s'applique à
tant d'objets divers et qui a enfanté tant de chefs-
d'œuvre dans toutes les branches des connaissances
humaines; cette volonté libre, même capricieuse, qui
commande à toutes nos actions; ces résolutions tantôt
prises, tantôt abandonnées et puis reprises par des
motifs que la raison seule juge souverainement;
toutes ces facultés, en somme d'ordre purement intellectuel, sont-elles conciliables avec le mécanisme des
lois physiques ou physiologiques? Et si l'on pénètre

dans le monde moral, l'incompatibilité n'en devient
que plus saisissante. De quelle façon, en effet, expliquer dans la doctrine matérialiste cette notion du
bien et du *mal* que l'on trouve au fond de toutes les
consciences même les plus obtuses? Est-ce la matière
qui peut nous l'inspirer, et ne faut-il pas reconnaître
qu'elle prend sa source dans un principe qui lui est
supérieur? S'il en était autrement, il faudrait supprimer les règles de morale sur lesquelles reposent les
sociétés humaines ; toute responsabilité disparaîtrait
et l'on n'aurait plus à distinguer entre l'homme de
bien et le scélérat, si ce n'est au point de vue des
mesures préservatrices que la société pourrait avoir
à prendre pour se mettre en défense contre ce dernier.
Toutes nos actions ne seraient donc réglées que par
la crainte des lois humaines répressives! Mais combien de cas ne se présentent-ils pas où notre conscience nous interdit certains actes qui échappent
complètement à l'action de la loi? Combien de fois
ne voit-on pas encore notre raison et notre volonté
se dresser contre nos appétits physiques pour les
combattre et les réfréner? A quel principe enfin
faudra-t-il rattacher ces actes de vertu, d'héroïsme,
de dévouement, ces miracles de charité que l'homme
accomplit si souvent sans aucun espoir de récompense
terrestre ; ces fortes convictions pour lesquelles il
brave tous les tourments et fait si volontairement le
sacrifice de sa vie? L'élan qui l'entraîne et le soutient,
la foi qui l'illumine, n'ont certes rien de commun

avec les fonctions de la matière et sont, par conséquent, la preuve ou si l'on préfère la présomption la
plus énergique du dualisme de notre nature[1]. Cette
antinomie si manifeste entre les lois physiques du
corps et celles de l'esprit, devait amener les matérialistes à en donner une explication quelconque.
Dès le cinquième siècle avant l'ère chrétienne,
Démocrite d'Abdère, qui est considéré comme le
fondateur de l'école *atomistique et mécaniste*,
faisait dépendre la formation du monde et des êtres
particuliers qui le composent de la rencontre fortuite
au sein du vide (V. *Cicéron académique*, liv. II,
xlviii) d'atomes ou corpuscules raboteux, polis,
dentelés ou crochus, qui y étaient répandus en
nombre infini. Et pour expliquer la pensée, il suppo-
sait l'existence d'une sorte d'atomes psychiques très
légers, lisses et ronds, se glissant entre les atomes
corporels (même auteur : *Tusculanes*, liv. I, ix). On
retrouve la même hypothèse dans le naturalisme
d'Épicure, si bien chanté par Lucrèce. Le poëte

---

1. Kant avait adopté comme devise les deux vers
suivants, de Juvénal, qu'il répétait souvent :

> *Summum crede nefas animam præferre pudori*
> *Et propter vitam vivendi perdere causas.*
>
>   (Sat. VIII, v. 83 et 84.)

« Regarde comme un grand crime de préférer l'existence
à l'honneur, et de perdre, pour conserver la vie, les plus
beaux motifs que nous ayons de vivre. »

                    (Traduction de Dusaulx.)

donne toutefois de la pensée une explication différente, mais non moins incompréhensible.

Si, dit-il, au liv. II, v. 221 à 253 (où il caractérise d'ailleurs avec un grand bonheur d'expressions la liberté de la pensée), si dès l'éternité tous les mouvements dans la nature sont enchaînés ; si la nécessité les fait naître régulièrement les uns des autres ; si la déclinaison des éléments variant les combinaisons ne vient rompre l'enchaînement éternel des causes et des effets né d'un uniforme et unique principe, *d'où vient cette liberté dont jouissent les êtres intelligents, ces déterminations soudaines et indépendantes, ce pouvoir d'éviter la douleur, d'appeler le plaisir et d'arracher la volonté au destin?* Car nos actions ne sont dépendantes ni des temps, ni des lieux déterminés : elles naissent de notre volonté propre : c'est elle qui donne le signal et soumet les sens à son empire. (Traduction de Pongerville.)

Plus loin (v. 290 à 294), il ajoute :

C'est donc dans la déclinaison imperceptible du mouvement des atomes (*Exiguum clinamen principiorum*) qu'il faut aller chercher la cause de l'indépendance de la pensée. Car les atomes, avait-il déjà dit (v. 227 à 237), en tombant par leur propre poids vers les régions inférieures de l'infini de l'espace, s'écartent sensiblement de leur ligne verticale dans des temps et des espaces indéterminés, mais ces déclinaisons sont si légères qu'on peut à peine leur donner un nom.

Voir aussi l'exposition de cette doctrine dans Cicéron : *De natura deorum*, liv. I, xxv.

Au temps d'Épicure, quatrième siècle avant Jésus-Christ, les philosophes ne savaient presque rien des lois de la nature, vu l'état peu avancé des sciences ; et plutôt que d'avouer leur ignorance à cet égard, ils préféraient imaginer des systèmes de pure fantaisie dont la raison, plus tard mieux éclairée, a fait pleine justice, pour leur substituer un matérialisme moderne, plus scientifique, sans doute, mais non moins erroné. Ainsi, tandis que Démocrite et Épicure essayaient d'expliquer la liberté de la pensée, l'un au moyen d'atomes plus subtils, l'autre par une certaine déclinaison dans leur chute vers les régions inférieures, le Dynamisme moderne *la fait résulter, chez les êtres vivants supérieurs, de la dépense du surplus d'énergie inutile à la conservation de la vie.* Théorie vague, qui au fond ne prouve rien. Mais le Déterminisme va plus loin : en matérialisant la pensée, il lui refuse toute part de liberté. Cette doctrine est résumée de la façon suivante, dans la *Grande Encyclopédie* (v° *Déterminisme*) :

Toutes les actions de l'homme sont déterminées par ces états antérieurs sans que la volonté puisse changer quoi que ce soit à cette détermination. L'homme, dans ce système, n'a donc pas le libre arbitre, et s'il croit le posséder, il n'en possède que l'apparence. On peut donner deux raisons principales du déterminisme : par l'une, on déclare, *a priori*, que toutes les actions humaines doivent être déterminées par des phénomènes antérieurs, en vertu du principe de causalité; par l'autre, on soutient que le libre arbitre ne peut pas être expérimenté, que l'expérience ne donne que des phénomènes qui se succèdent dans un ordre invariable et, par suite, que le déterminisme est le seul système qui s'accorde avec l'expérience.

Est-il nécessaire de répéter combien ces théories si péniblement élaborées, qui font de l'homme une simple machine, sont contraires au témoignage de notre conscience, à laquelle il faut toujours revenir, et qui ne cesse d'affirmer l'indépendance de la volonté et par conséquent notre responsabilité morale. Lorsqu'elle juge bons ou mauvais les actes que nous avons volontairement accomplis, va-t-elle chercher ailleurs qu'en elle-même la source de la satisfaction ou du remords qu'elle en ressent? Comment écouterait-on un criminel qui, pour toute défense, se retrancherait derrière la loi de ce déterminisme fatal? C'est ici le sens commun qui répondrait, ce sens commun qui n'est pas un si mauvais guide, même dans ces matières abstraites, et qui vaut mieux assurément que les spéculations philosophiques où l'on semble prendre à tâche de heurter les idées les plus généralement reçues[1].

1. « Quoi qu'en ait dit un célèbre philosophe allemand contemporain, il reste encore des énigmes dans le monde, beaucoup d'énigmes; j'entends de ces faits premiers irréductibles à d'autres et devant lesquels la logique des systèmes les plus sévèrement conduits demeure déconcertée. La vertu est une de ces énigmes, la plus étonnante, sans doute. Quand notre observation de la nature aboutit à nous montrer comme loi souveraine des êtres la lutte pour la vie, le conflit des individus entre eux et des espèces, leur effort acharné vers la durée à travers l'écrasement des faibles par les énergiques, voici apparaître le renoncement total de la personne, le sacrifice volontaire des égoïsmes les plus légitimes, l'immolation poussée jusqu'à la mort quelquefois, et pour des motifs que ne justifie aucun intérêt. Devant des phénomènes de cet ordre, il n'est pas de théorie qui tienne. Le biologiste le plus sincère, persuadé qu'un simple jeu de cellules nerveuses explique toutes nos volontés, n'oserait pas, vis-à-vis de lui-même, réduire à une formule physico-chimique des actions d'une beauté si haute,

La pleine conception de l'âme humaine, la croyance à son immortalité, aux récompenses ou aux peines qui l'attendent au-delà de la vie terrestre, ne se sont imposées que successivement à la raison de l'homme, mais ces notions, bien que confuses à l'origine, se retrouvent chez tous les peuples de l'antiquité parvenus à un certain degré de civilisation, et elles sont restées au fond de la conscience en dépit des assauts que ne cesse de lui livrer la philosophie matérialiste[1].

Le dogme de l'immortalité de l'âme, a écrit Voltaire (*Dictionnaire philosophique*), est l'idée la plus consolante et en même temps la plus réprimante que l'esprit humain ait pu recevoir. Cette belle philosophie était, chez les Égyptiens, aussi ancienne que leurs pyramides; elle était, avant eux, connue chez les Perses...

La fable (ou allégorie du premier Zoroastre citée dans le Sadder), on ne peut trop le répéter, fait voir de quelle antiquité était l'opinion d'une autre vie. Les Indiens en étaient persuadés; leur métempsycose en est la preuve. Les Chinois vénéraient les âmes de leurs ancêtres. Tous

---

et le psychologue le plus incliné au déterminisme le plus universel hésite à penser qu'un homme qui se dévouera ainsi n'est qu'un théorème qui marche. »

(Extrait du très remarquable discours sur les prix de vertu, prononcé par M. Paul Bourget, à la séance de l'Académie française du 29 novembre 1906.)

1. Si l'âme, a dit Rousseau (*Profession de foi du Vicaire savoyard*), est immatérielle, elle peut survivre au corps; elle lui survit, la Providence est justifiée. Quand je n'aurais d'autres preuves de l'immatérialité de l'âme que le triomphe du méchant et l'oppression du juste en ce monde, cela seul m'empêcherait d'en douter.

ces peuples avaient fondé de puissants empires longtemps avant les Egyptiens. C'est une vérité très importante que je crois avoir déjà prouvée par la nature même du sol de l'Egypte... Cet empire, si ancien, l'était donc bien moins que les empires de l'Asie, et dans les uns et dans les autres, on croyait que l'âme subsistait après la mort. Il est vrai que tous ces peuples sans exception regardaient l'âme comme une forme éthérée, légère, une forme du corps... Mais enfin on ne peut nier qu'une partie de nous-mêmes ne fût regardée comme immortelle. Les châtiments et les récompenses dans une autre vie étaient le grand fondement de l'ancienne théologie.

Si au cours des âges les différents peuples, suivant leur génie propre, ont pu se représenter sous des formes diverses l'immortalité de l'âme, le fond du dogme n'en restait pas moins le même. Et parmi ces anciens mythes, comment ne pas être captivé par cette si poétique description des Champs-Élysées au VIe livre de *l'Énéide?* Quoi de plus séduisant, en effet, que le tableau de ces ombres bienheureuses qui, sous l'apparence de leurs formes corporelles, vivent éternellement « dans ces champs délicieux, dans ces riantes prairies, dans ces bois toujours verts, séjour de la félicité ».

Là, désormais affranchies de tout ce qui pouvait troubler leur vie ici-bas, elles ne conservent que le goût et la jouissance des choses honnêtes qui en faisaient le charme.

Là, le chantre divin de la Thrace, en longue robe de lin, fait résonner les sept voix de sa lyre; là, on voit l'illustre Musée entouré d'une foule nombreuse qu'il domine par sa taille élevée; là sont les descendants de l'antique Teucer, des chœurs d'ombres couchés sur l'herbe et chantant un joyeux Péan; là des guerriers blessés en combattant pour la patrie, des prêtres dont la vie fut toujours chaste, des poëtes religieux qu'Apollon inspira ; là, enfin, ceux qui par l'invention des arts civilisèrent les hommes, et ceux dont leurs bienfaits ont fait vivre la mémoire ; tous ont le front ceint de bandeaux blancs comme la neige.

Quel tableau délicieux et consolant à la fois ! C'est l'apothéose de la vertu embrassant l'humanité tout entière.

Dans son étude sur Fénelon, Villemain, comparant l'Enfer et l'Élysée du *Télémaque* au tableau du VI⁰ livre de l'*Énéide*, a écrit ce qui suit :

Quelle que soit la grandeur et la perfection du VI⁰ livre de l'*Énéide*, on sent tout ce que Fénelon a créé de nouveau, ou plutôt ce qu'il a puisé dans les mystères chrétiens, par un art admirable ou par un souvenir involontaire.... Lorsque, délivré de ces affreuses peintures (des tourments du Tartare), il peut reposer sa douce et bienfaisante imagination sur la demeure des justes, alors on entend des sons que la voix humaine n'a jamais égalés et que quelque chose de céleste s'échappe de son âme enivrée de la joie qu'elle décrit. Ces idées-là sont absolument étrangères au génie antique ; c'est l'extase de la charité chrétienne ; c'est une religion toute d'amour, interprétée par l'âme douce et tendre de Fénelon ; c'est le pur amour donné pour récompense aux justes dans l'Élysée mythologique.

Eh bien ! disons-le tout de suite : sans parler des artifices de style qu'on ne saurait dénier à l'auteur français, la pensée qui se dégage de la composition virgilienne me semble plus large, plus profonde, plus philosophique et plus humanitaire. Les Champs-Élysées de Fénelon sont le séjour des bons rois qui ont gouverné le monde ; ils sont séparés du reste des justes, dont il est à peine parlé. Virgile, homme du peuple, a écrit pour l'homme en général. Fénelon, homme de cour et grand seigneur, chargé de l'éducation d'un prince appelé à régner, a rapetissé son sujet et n'a tiré ses exemples que des rois ou des héros. Virgile s'est révélé poète en quelque sorte précurseur de l'idée chrétienne; Fénelon, très imprégné du paganisme de la société antique, y revenait par une tendance de ses études et de sa riche imagination.

En résumé, nous ne voyons par nos sens que des choses finies et nous ne sommes témoins que de phénomènes extérieurs contingents et relatifs, et cependant nous avons conscience d'une cause première absolue; rien de ce que nous voyons de plus parfait dans la nature ou dans les œuvres de la pensée ne nous satisfait complètement, et nous aspirons constamment à un beau idéal suprême; tout, ou si l'on préfère, tous les êtres particuliers qui tombent sous notre observation directe, sont sujets à dépérissement. Notre corps subit cette loi brutale de la nature, et cependant nous croyons à notre propre immortalité!

Si, dit M. Janet, la nature des choses est toute matérielle et que tout soit soumis à des lois primordiales physico-chimiques, comment s'expliquer qu'à un moment donné viennent apparaître les lois morales d'un caractère absolument différent des lois primordiales? Comment, de la fatalité et du règne de la force, faire sortir la liberté et l'idée du droit? Comment, dans les phénomènes de l'ordre physique, découvrir les sources de la justice et de la charité?

Le matérialisme, même le plus savant, ne parviendra jamais à concilier, à ramener sous une loi unique les phénomènes si disparates de la pensée et de la nature physique. Que Démocrite encore une fois explique la pensée par des atomes lisses glissant entre les atomes raboteux et crochus; qu'Épicure la fasse dépendre d'une déclinaison chimérique dans la chute des atomes vers un fond imaginaire; que le Dynamisme moderne n'y voie que la matière produisant la pensée en vertu de sa propre énergie : ces divers systèmes n'accusent que les vains et stériles efforts de l'esprit humain qui cherche à s'identifier avec la matière en reniant sa plus noble origine. Non, vraiment, on ne saurait trop y revenir, nous sentons en nous quelque chose qui pense et qui veut librement, et qu'il n'est pas possible de confondre avec les fonctions physiques du corps, qui est soumis à des lois fixes et immuables. La pensée et le corps sont donc deux choses absolument différentes, souvent même en lutte entre elles, bien qu'unies par un lien mystérieux, qui échappe à notre observation directe. Mais ce que nous ne pouvons nier, c'est l'existence de cette substance immatérielle qui est le principe et la source de tous nos actes intellectuels et moraux. C'est ce que nous appelons l'âme, où l'homme puise toute sa dignité. Quelle en est la destinée? Dieu qui l'a créée peut sans doute l'anéantir avec le corps; mais cette âme a été pendant la vie pénétrée d'idées d'infini, de responsabilité morale, de peines et de récompenses futures, d'aspirations supra-terrestres; ne serait-ce là que de pures illusions de notre esprit, et d'où nous viendraient-elles? Repoussons donc les maximes d'un scepticisme désolant qui essaye d'éteindre en nous cet idéal, cette vision lointaine qui est le soutien et l'aiguillon de notre vie et le fondement de toutes nos espérances. Croyons à l'existence de l'âme, à l'honneur de la vie et à son couronnement dans ce monde meilleur qui est rempli de Celui qui a tout créé et vers qui tout remonte!

II

Cœli enarrant gloriam Dei et operationem manuum ejus annuntiat firmamentum.

« Les cieux racontent la gloire de Dieu et le firmament annonce l'œuvre de ses mains. »

(David, psaume XVIII.)

EXTASE

J'étais seul près des flots par une nuit d'étoiles;
Pas un nuage aux cieux, sur les mers pas de voiles.
Mes yeux plongeaient plus loin que le monde réel,
Et les bois et les monts, et toute la nature
Semblaient interroger dans un confus murmure
    Les flots des mers, les feux du ciel.
Et les étoiles d'or, légions infinies,
A voix haute, à voix basse, avec mille harmonies,
Disaient en inclinant leurs couronnes de feu;
Et les flots bleus que rien ne gouverne et n'arrête,
Disaient en recourbant l'écume de leur crête :
    C'est le Seigneur, le Seigneur Dieu.

(Victor Hugo, *Les Orientales*, XLII.)

Ces belles pensées du roi-prophète et de notre grand poète lyrique sont tout à la fois l'expression d'une profonde admiration pour les splendeurs de la nature et un sublime élan de poésie et de foi vers le souverain créateur de l'univers. La croyance à une puissance divine qui se mêle à tous les phénomènes de la vie et qui plane sur nos destinées est le fonds commun de toutes les religions, depuis le fétichisme le plus grossier jusqu'aux plus hautes conceptions de l'être suprême. L'antique Égypte nous offre un exemple remarquable de ces deux extrêmes. Bossuet, l'immortel défenseur de la foi catholique, ne s'attachant qu'aux apparences du culte grossier du peuple, a pu dire *que dans ce pays tout était Dieu, excepté Dieu lui-même.* Mais il est toutefois certain qu'au-dessus de pratiques souvent abjectes et dégradantes, il y avait la vraie religion, la religion des initiés qui avait pour fondement la pure conception d'un Dieu unique, éternel, souverain créateur et ordonnateur de toutes choses. On a, en effet, relevé les deux inscriptions suivantes sur deux monuments des temps les plus anciens :

I. — Il est (Dieu) le seul être vivant en vérité; il a donné naissance à tous les êtres et à tous les dieux inférieurs; il a tout fait et il n'a pas été fait. Il s'engendre lui-même.

II. — Je suis celui qui est, fut et sera. Aucun mortel n'a soulevé le voile qui me couvre.

Si la notion d'une substance immatérielle, distincte et indépendante en soi du corps auquel elle est unie, n'a pu naître et s'affirmer qu'après des observations et des analyses d'un ordre purement subjectif auxquelles ne devaient guère se livrer les premiers hommes que retenaient tout entiers les impressions du monde extérieur, on n'en saurait dire autant de l'idée de Dieu qui s'impose *a priori* à tout esprit qui rattache invinciblement à une cause quelconque tous les phénomènes sensibles qui le frappent. Et comme l'homme, même le moins cultivé, sait bien que tous ses actes personnels sont l'œuvre de sa volonté, il a l'impresssion d'une volonté cachée sous tous les phénomènes extérieurs qu'il ne sait expliquer autrement. Il y voit autant de dieux que de phénomènes parce qu'il ne sait pas encore les ramener à un principe unique. Tel a dû être le point de départ de la pensée humaine vers une connaissance plus nette et plus complète de la raison des choses. L'homme placé entre un infini de petitesse et un infini de grandeur, armé d'une intelligence qui veut tout connaître, a cherché, d'un côté, à démêler les premiers principes de la vie; de l'autre, il s'est élancé par la pensée dans les immenses profondeurs de l'espace pour y découvrir les limites du monde sensible et les grandes lois de l'univers. De là, tous les systèmes dont la diversité autant que l'étrangeté arrachaient à Cicéron cette exclamation : *Nihil tam absurde dici potest quod non dicatur ab aliquo philosophorum* (Cicéron, *de Divination*, II, 58). (Il n'y a rien de si absurde qui n'ait été dit par quelque philosophe.) — Admirables toutefois, mais vains efforts de l'esprit humain qui, dans son étude ardente et infatigable de la nature, a poussé aussi loin que possible la connaissance de ses éléments et des ressorts de la vie, mais qui a dû s'arrêter, toujours impuissant, devant le *comment absolu* et le *pourquoi* de tout ce qui existe.

Qu'est-ce que l'homme dans la nature? a dit Pascal. Un néant à l'égard de l'infini; un tout à l'égard du néant; un milieu entre rien et tout. Infiniment éloigné de comprendre les extrêmes, la fin des choses et leur principe sont pour lui invinciblement cachés dans un secret impénétrable; également incapable de voir le néant d'où il est tiré et l'infini où il est englouti.

Et cependant la raison humaine, disons-le avec un légitime orgueil, que l'infini attire sans cesse, cherche toujours à pénétrer les profondeurs du passé, à remonter jusqu'à l'origine du monde et à en pressentir les destinées. Mise en éveil par le témoignage de la conscience et par la loi nécessaire de cause qui s'impose à elle, elle veut s'élever de la cause prochaine, qui tombe sous son observation directe et immédiate, jusqu'à la cause première, source de la vie et du mouvement dans la nature. Ces nobles élans de l'esprit humain vers les plus hautes spéculations de la philosophie font sa dignité, et s'il ne peut acquérir une claire conception de l'*Absolu*, dont le sentiment l'obsède, il n'en perd jamais de vue la lumière lointaine et fascinatrice.

Tout dans la nature est cause et effet. Les phénomêmes de la vie physique, depuis la matière essence jusqu'à ses plus amples développements ou transformations, se lient les uns aux autres dans un ordre et une règle immuables. Cette loi de cause n'est pas, quoi qu'on ait pu dire, une pure création de notre esprit, mais un principe universel et nécessaire auquel il est forcé de se soumettre. Et non seulement nous sommes forcés de reconnaître que *rien* ne vient de *rien*, c'est-à-dire que tout phénomène se rattache à une cause quelconque, mais encore — ici le concept est peut-être moins spontané — que cette loi de *cause* et d'*effet* répond à une fin déterminée, ce qui est la *cause finale*. En sorte que dans la nature tout se meut et se transforme en vertu de ce principe qu'on peut formuler ainsi : *Nihil de nihilo — Nihil pro nihilo* (rien de rien — rien pour rien).

Une certaine philosophie, à laquelle répugnent les idées communes basées sur les données résultant d'une expérience de tous les jours, de tous les instants, refuse de voir dans la succession constante des faits, qui apparaissent comme dépendant les uns des autres dans l'ordre physique, aucun lien de cause à effet. Elle prétend tout au moins que ce rapport n'est point démontré scientifiquement, et qu'on ne peut y voir qu'une succession peut-être constante, mais *inconditionelle*. Je rencontre devant moi un obstacle que je veux supprimer; je fais un effort et l'objet tombe. Tout autre que moi, dans les mêmes conditions, obtiendra le même résultat. N'est-ce pas là, si l'on peut ici se servir de ce mot, le *shéma* le plus simple de la cause efficiente et de l'effet voulu ou cause finale? Dans la nature, l'enchaînement des faits est loin sans doute de s'y présenter avec ce caractère de clarté et de simplicité. La cause immédiate ne s'y aperçoit pas toujours; les phénomènes physiques se diversifient de mille façons; ils se pénètrent et s'enchevêtrent les uns les autres dans une trame dont il est souvent impossible de démêler les fils. Ils s'y enchaînent non en vertu d'une volonté particulière à chacun d'eux, mais en vertu des lois générales qui régissent la matière[1].

C'est cette succession des faits et leur liaison, dont nous avons dans bien des cas la certitude, qui a poussé l'esprit humain à remonter de cause en cause jusqu'à la cause première; de même qu'en remontant dans les temps il acquiert la notion de l'infini des temps, et qu'en s'étendant dans l'espace il acquiert celle de l'infini de l'espace. Cette cause première dont nous avons la vision lointaine, et que la curiosité scientifique cherche à atteindre, nous apparaît comme la source élevée d'où découlent les principes de la morale la plus pure et les règles de notre vie. « La maladie principale de l'homme, a dit Pascal, est la

1. « Dieu n'agit pas dans le monde physique par vues particulières, ou, pour mieux dire, ses vues particulières sont subordonnées aux vues générales. »

(Th. H. Martin, *Philosophie spiritualiste de la nature*, t. I, p. 97.)

curiosité inquiète des choses qu'il ne peut savoir, et il ne lui est pas si mauvais d'être dans l'erreur que dans cette curiosité inutile. » Mais où est l'erreur, où est la vérité? Chacun croit être dans le vrai, et il est des questions sur lesquelles on discutera éternellement, parce que les éléments de solution n'en tombent pas sous nos sens et qu'ils n'appartiennent qu'à la raison purement discursive. Les questions sur l'origine du monde, ses lois et sa finalité sont de ce nombre. Trois hypothèses se présentent tout d'abord à l'esprit et peuvent se formuler ainsi :

I. Matière incréée, existant de toute éternité et éternellement ordonnée.

II. Matière éternelle, mais dont les éléments d'abord mêlés et confondus (c'est le chaos des anciens), *Rudis indigestaque moles*, du poète des *Métamorphoses*, ont reçu à un moment quelconque, au cours des temps, l'ordre et la règle et sont devenus le monde (le Kosmos des Grecs, le Mundus des Latins, qui signifient dans l'une et l'autre langue : ordre, harmonie, beauté).

III. La Création.

Pour essayer, suivant moi, de se former, non pas certes une conviction assise sur des certitudes que notre raison bornée ne saurait ici atteindre, mais une croyance suffisante sur laquelle nous puissions nous reposer, il importe de détourner provisoirement les yeux du spectacle de l'univers. Il faut par la pensée prendre pour point de départ de cette étude la matière ramenée hypothétiquement à ses éléments les plus simples et au moment où elle est née à la vie organique. Que l'on suppose un corps solide quelconque réduit en poussière, ou mieux encore transformé en vapeur incandescente, on obtiendra ainsi la matière cosmique qui constitue, paraît-il, l'état actuel des nébuleuses du ciel[1]. Qu'on aille plus loin, s'il est possible, jusqu'à l'éther, ce fluide impondérable, si subtil qu'il a échappé à toute agglomération, mais qui, répandu dans tout l'espace, qu'il remplit même à travers les corps solides, sert, dit-on, de véhicule à la lumière, à l'électricité, au fluide magnétique, aux lois de l'attraction[2].

[1]. « L'aspect et l'analyse chimique de ces nébuleuses ont remis en honneur l'hypothèse d'une matière cosmique répandue primitivement dans tout l'espace. Une première condensation de cette matière diffuse produit des nuages de vapeurs ou de simples nébuleuses. Par une condensation ultérieure, un ou plusieurs noyaux se forment dans ces nébulosités. Ces noyaux attirant les matières environnantes, grossissent peu à peu et deviennent des étoiles, qui, ensuite, par une attraction mutuelle, se rapprochent et se groupent en amas stellaires...

« ... Nous pouvons en conclure que les fluides qui constituent les nébuleuses sont dans un état de vive incandescence, à une température au moins aussi élevée que celles auxquelles nous pouvons parvenir. »

(Flammarion, *Astronomie populaire*, p. 811.)

[2]. Si les physiciens paraissent aujourd'hui tous d'accord sur le rôle qui doit être attribué à l'éther dans la nature, ils sont loin de l'être sur la constitution même et les propriétés de cet élément premier que le Dr Gustave Le Bon,

Telle, on peut se figurer à l'origine, sous sa première forme, la matière contenant en elle, mêlés et confondus, les germes d'où devaient sortir plus tard tous les corps composés et tous les êtres particuliers qui peuplent l'univers. Mais cette marche ascendante de la matière dans la voie de ses évolutions organiques présente cet état actuel de la nature que, tandis que certaines parties semblent en avoir accompli l'entier cycle, d'autres en sont encore à la première période de leur formation ; ce qui implique l'idée d'un

dans son livre très attachant sur l'*Évolution de la matière*, appelle la *base immatérielle de l'Univers*.

« Son rôle, dit-il à la page 89, est devenu capital et n'a cessé de grandir avec les progrès de la physique. Sans éther, il n'y aurait ni pesanteur, ni lumière, ni électricité, ni chaleur, rien en un mot de tout ce que nous connaissons. L'univers serait silencieux et mort, ou se révélerait sous une forme que nous ne pouvons même pas pressentir. Si on pouvait construire une chambre de verre de laquelle on aurait retiré entièrement l'éther, la chaleur et la lumière ne pourraient la traverser. Elle serait d'un noir absolu et probablement la gravitation n'agirait plus sur les corps placés dans son intérieur. Ils auraient donc perdu leur poids. Mais dès que l'on cherche à définir les propriétés de l'éther, des difficultés énormes apparaissent.

. . . .

« On peut, ajoute-t-il à la page 93, résumer ce qui précède en disant que si nous savons très peu choses de l'éther, nous devons cependant considérer comme certain que la plupart des phénomènes de l'univers sont des conséquences de ses manifestations. Il est sans doute la source première et le terme ultime des choses, le *substratum* des mondes et de tous les êtres qui s'agitent à leur surface. »

10

commencement et exclut par conséquent celle d'une matière éternelle et éternellement ordonnée. La raison ne saurait, en effet, souscrire à une conception suivant laquelle le monde, ayant de toute éternité parcouru le cercle de tous ses développements ou mutations possibles, en serait encore à diverses phases de sa formation. Ces deux idées sont contradictoires[1].

Cette question de l'origine des choses reste donc insoluble, malgré tous les efforts de l'esprit humain et les systèmes qui ont été proposés; elle échappe à la raison philosophique, et la science expérimentale ne peut lui être d'aucun secours. Mais combien s'élargit et s'éclaire l'horizon en face du spectacle de l'univers qui se déroule devant nos yeux, et de ses admirables lois dont la science étudie et pénètre de plus en plus les ressorts! C'est bien là cet ordre, cette harmonie, cette beauté que les Grecs désignaient sous le nom de Kosmos, et où il nous est impossible de ne pas voir l'œuvre d'une intelligence supérieure, qui a tout prévu et ordonné pour une fin déterminée, à savoir : la conservation et le progrès de la vie universelle.

---

1. Comme il y a réponse à tout dans le champ des hypothèses, une certaine Cosmogonie enseigne « que dans la suite des temps les choses reviennent à l'état de confusion originaire, pour renaître et périr encore dans une succession de cycles sans commencement ni fin ».

Ce qui, selon moi, n'explique pas mieux le principe des choses et les lois de l'Univers visible.

« Si la matière mue, a dit Rousseau, me montre une volonté, la matière mue selon de certaines lois me montre une intelligence ». Qu'une école matérialiste dise que la nature obéit à la loi d'une aveugle nécessité, ce qui ne signifie rien[1]; *qu'un matérialisme plus savant enseigne que ce que nous appelons intelligence dans la nature n'est qu'une propriété essentielle de la matière; que la formation de l'univers et le développement des organismes ne sont que la manifestation de mieux en mieux ordonnée, l'évolution d'une force préexistante qui a été de toute éternité comme la matière à laquelle elle est attachée* ET DONT IL N'Y A PAS LIEU DE RECHERCHER L'EXPLICATION : la raison, qui veut être convaincue, ne saurait se contenter de pareilles affirmations purement hypothétiques qu'on n'essaye pas même d'expliquer. La force aveugle conduit au chaos, c'est-à-dire à la confusion de tous les éléments ; une volonté, intelligente et souveraine, peut seule y introduire la règle et l'harmonie. Or, il s'agit de savoir si la matière possède en elle-même cette volonté et cette intelligence qui peuvent seules tout expliquer. C'est ce qui est à démontrer.

On a déjà vu dans la première partie de mes ré-

1. Ceux qui ont dit *qu'une fatalité aveugle a produit tous les effets que nous voyons dans ce monde* ont dit une grande absurdité, car, quelle plus grande absurdité qu'une fatalité aveugle qui aurait produit des êtres intelligents ?

(Montesquieu, *Esprit des lois*, liv. I, chap. 1.)

flexions combien il était difficile, disons impossible,
de faire sortir de notre organisme physique *la pensée*,
qui est de pure essence immatérielle.

Si la conception de ces deux facteurs, *esprit* et
matière, irréductibles l'un à l'autre, s'impose dans
l'étude de l'homme, cet organisme si compliqué où le
physiologiste s'efforce de matérialiser en quelque
sorte la pensée, en rattachant à des centres nerveux
déterminés les opérations de notre esprit et les actes
de notre volonté, cette conception devient non moins
pressante quand on envisage le monde dans son ensemble et à ses diverses phases de formation.

En remontant jusqu'au point de départ des organismes qui peuplent l'espace et qui ont eu nécessairement un commencement puisqu'ils sont changeants
et périssables, on se trouve en face du premier fait
d'agrégation de deux ou plusieurs atomes de la matière cosmique. Mais cet agrégat initial, s'il n'est le
résultat d'une rencontre purement fortuite (système
mécaniste de Démocrite) d'où ne peut sortir la
règle, suppose nécessairement l'intervention d'une
intelligence directrice qu'il faut placer dans la matière elle-même ou en dehors d'elle ; car l'intelligence
qui se manifeste dans la belle ordonnance du tout a
dû présider à l'arrangement de chacune de ses parties
en vue d'une fin déterminée. Or, peut-on raisonnablement attribuer à ces premiers éléments du monde
physique l'intelligence, la volonté et le choix dans
les agglomérations ou groupements corpusculaires

qui doivent constituer, plus tard, les plus grands comme les plus délicats organismes répandus dans l'univers, c'est-à-dire cette infinie variété de la vie se mouvant au sein de la plus vaste unité? Ces atomes, d'abord confondus et indépendants les uns des autres (c'est le chaos) et puis réunis en groupes divers, iront-ils d'eux-mêmes s'élancer dans l'espace qu'ils sillonnent sans jamais se heurter, s'y maintenir en équilibre dans chaque système autour d'un centre commun, par une admirable combinaison de leur force d'attraction et d'impulsion[1] qui les empêche de tomber les uns sur les autres ou d'aller se perdre au-delà du système, et décrire enfin invariablement ces orbites elliptiques que l'astronomie a si exactement calculées? La matière a-t-elle établi, s'est-elle imposée à elle-même ces grandes lois de la mécanique céleste?

Et si des hauteurs du monde stellaire ou planétaire on redescend sur le globe que nous habitons, quelles merveilles d'industrie ne viennent-elles pas s'y offrir à l'étude du savant, et combien n'en pressent-ils pas d'autres plus étonnantes qui échappent à ses analyses?

Pour présenter à l'homme, dit Pascal (*Pensées*, article XVII), un autre prodige aussi étonnant, qu'il recherche

---

[1]. Aujourd'hui on admet l'action d'une force répulsive émanée de l'astre central. La résultante de ces deux forces contraires est l'équilibre.

(V. *Annuaire du Bureau des Longitudes*, année 1907, c. 12 et 13.)

dans ce qu'il connaît les choses les plus délicates. Qu'un ciron lui offre dans la petitesse de son corps des parties incomparablement plus petites, des jambes avec des jointures, des veines dans ces jambes, du sang dans ces veines, des humeurs dans ce sang, des gouttes dans ces humeurs, des vapeurs dans ces gouttes; que, divisant encore ces dernières choses, il épuise ses forces et ses conceptions et que le dernier objet où il peut arriver soit maintenant celui de notre discours, il pensera peut-être que c'est là l'extrême petitesse de la nature. Je veux lui faire voir là dedans un abîme nouveau. Je lui veux peindre non seulement l'univers visible, mais l'immensité qu'on peut concevoir de la nature dans l'enceinte de ce raccourci d'atomes. Qu'il y voie une infinité d'univers dont chacun a son firmament, ses planètes, sa terre en la même proportion que le monde visible; dans cette terre des animaux, et enfin des cirons dans lesquels il retrouvera ce que les premiers ont donné, et trouvant encore dans les autres la même chose sans fin et sans repos, qu'il se perde dans ces merveilles aussi étonnantes dans leur petitesse que les autres par leur étendue; car qui n'admirera que notre corps, qui tantôt n'était pas perceptible dans l'univers, imperceptible lui-même dans le sein de tout, soit à présent un colosse, un monde, ou plutôt un tout à l'égard du néant où l'on ne peut arriver?

Voilà cet immense univers où l'école matérialiste ne veut voir que l'œuvre instinctive, mais assurément insconsciente, de la nature elle-même. C'est une sorte de panthéisme caché sous la théorie de l'évolution de la matière, *qui obéit aveuglément à la loi de l'aveugle nécessité ou à l'impulsion de mieux en mieux ordonnée qu'elle reçoit d'une force préexistante qui lui est inhérente.* C'est, en un mot, la matière-dieu ou le dieu-matière; car quel nom donner à cette force, à cette énergie, qu'on dit être répandue dans l'espace infini, inhérente à la matière et qui est le principe de sa vie, de son mouvement, de sa règle

et de sa marche constante dans la voie de ses transformations et développements successifs où chaque
partie concourt à l'unité de l'ensemble? C'est cette
énergie dont l'intelligence et la prévoyance éclatent
aux yeux dans toutes les œuvres de la nature, qui
est infinie, puisqu'elle s'étend à tout, qui est souverainement puissante, puisqu'elle gouverne tout, que
je ne peux confondre avec la matière considérée dans
son essence, pas plus qu'il ne m'est possible de confondre mon esprit avec mon corps. La croyance à
l'existence d'un être suprême ordonnateur de ce
monde visible s'impose invinciblement à moi, à ma
conscience, à mon imagination et à ma raison, ces
trois grandes facultés fondamentales de mon âme; et
tant qu'il ne me sera pas démontré que *conscience*,
imagination et *raison* ne sont que de vains mots;
qu'il faut rejeter comme de vains fantômes tous les
sentiments qu'elles engendrent, toutes les connaissances qu'elles nous inculquent, et tenir notre vie
morale et intellectuelle pour un rêve qui ne cesse
qu'avec la mort, j'y persisterai.

Je ne puis ouvrir les yeux, dit Fénelon au début de son
Traité de l'existence de Dieu, sans admirer l'art qui éclate
dans toute la nature : le moindre coup d'œil suffit pour
apercevoir la main qui fait tout. Que les hommes accou-
tumés à méditer les vérités abstraites et à remonter aux
premiers principes connaissent la divinité par son idée,
c'est un chemin sûr pour arriver à la source de toute vérité.
Mais plus ce chemin est droit et court, plus il est rude et
inaccessible au commun des hommes qui dépendent de
leur imagination. C'est une démonstration si simple qu'elle
échappe par sa simplicité aux esprits incapables des opé-

rations purement intellectuelles. Plus cette voie de trouver le premier être est parfaite, moins il y a d'esprits capables de la suivre.

Mais il y a une autre voie moins parfaite et qui est proportionnée aux hommes les plus médiocres. Les hommes les moins exercés au raisonnement et les plus attachés aux préjugés sensibles peuvent, d'un seul regard, découvrir celui qui se peint dans tous ses ouvrages. La sagesse et la puissance qu'il a marquées dans tout ce qu'il a fait le font voir comme dans un miroir à ceux qui ne peuvent le contempler dans sa propre idée. C'est une philosophie sensible et populaire, dont tout homme sans passion et sans préjugés est capable.

C'est la philosophie de la conscience, de la sensibilité et de l'imagination dont je me suis surtout inspiré. Mais, ainsi qu'on l'a fait justement remarquer, ces motifs de croyance empruntés à l'ordre des preuves dites physiques ont aussi un caractère métaphysique, puisqu'elles ont pour objet *Dieu*, dont l'existence ne peut être prouvée que par des opérations intellectuelles de l'ordre le plus élevé qui nous font remonter jusqu'à cette haute et dernière conception. N'est-ce pas, en effet, le spectacle du monde sensible qui suscite et met en éveil dans notre entendement ces idées de cause première, de cause finale, d'infini dans le temps et dans l'espace, d'absolu, de parfait, qui sont des notions fondamentales, les lois mêmes de notre esprit, que nous ne créons pas, que nous trouvons en nous et à l'aide desquelles nous rattachons tout à l'auteur commun de toutes choses? Tel est incontestablement le point de départ des premières spéculations philosophiques.

La double croyance à l'existence de Dieu et de l'âme humaine est le fondement de notre vie morale, notre soutien et notre consolation anticipée au milieu des plus terribles épreuves. Sans elle, rien de ce que nous sentons en nous et de ce que nous voyons autour de nous, rien de nos sentiments moraux et de nos élans par-delà le monde physique, rien de notre foi instinctive ne peut s'expliquer. Avec elle, tout s'éclaircit et s'illumine, et nous marchons dans la vie, fermes d'espoir, vers cette source éternelle de toute lumière, de tout bien et de toute justice!

Sceptiques sincères ou de simple parade qui voulez éteindre en nous, les uns par erreur, les autres pour des motifs condamnables, le sentiment de notre destinée et de cette foi qui nous élève au-dessus de nous-mêmes, faut-il vous plaindre ou vous blâmer? Les hommes dans leur for intérieur résistent et résisteront sans doute toujours à l'influence de vos déplorables et funestes maximes, mais n'en fût-il qu'un seul qui dût s'y laisser entraîner, qu'il importe toujours de les réprouver et de les combattre. Le sentiment religieux primordial et individuel, ainsi que je l'ai déjà dit, est devenu la Religion dès que les hommes réunis en société ont établi entre eux un lien d'intérêts, d'idées et de croyances. La Religion a alors reçu des formules qui en ont fixé les vérités fondamentales; et les pratiques rituelles qui s'y sont ajoutées ont déterminé les formes du culte commun. Quelle que soit la diversité des rites dont l'histoire de l'humanité nous offre le spectacle, au cours des âges et suivant le génie de chaque peuple et son degré de culture, il est certain que ce double concept : *Dieu* et l'*âme. humaine*, se trouve au fond de toutes les religions. Telle est l'idée fondamentale, ineffaçable, qui s'avive et se fortifie dans la collectivité. Rien n'est si profond ni plus énergique, à part quelques époques heureusement transitoires d'affaissement moral, que le sentiment religieux des foules; rien jusqu'ici n'a paru, aux yeux des philosophes et des législateurs, plus nécessaire que la Religion à la marche régulière et au progrès des sociétés humaines. Non pas, bien entendu, une religion étroite, exclusive et oppressive, mais une religion universelle d'égalité, d'amour et de justice, au sein de laquelle doivent venir s'abreuver indistinctement tous les hommes; une religion enfin qui, en nous enseignant la noblesse de notre origine et nos futures destinées, nous donne tout à la fois le sentiment de notre dignité et celui des devoirs qui en découlent[1].

1. Ces méditations ne sortent pas du domaine de la philosophie purement rationaliste dont les principes fondamentaux : *Dieu*, l'*âme humaine* et la *vie au delà*, sanction de notre vie terrestre, sont et ne peuvent être que ceux de toute religion vraiment digne de ce nom. Mais il faut à l'homme, non seulement considéré isolément, mais aussi et surtout aux hommes réunis en société, ce qui est leur état nécessaire, une Religion, une forme d'adoration et de prière, un culte qui, en les reliant à l'auteur commun de toutes choses, les rapproche entre eux par leurs croyances et

leur culte, ce qui constitue à mes yeux le plus intime et le plus puissant des liens sociaux.

Ma pensée ne pouvait s'égarer à méditer sur l'excellence et la supériorité de telle ou telle des religions qui ont divisé et divisent encore le monde. Je suis chrétien catholique; je ne vois dans ma religion que la profondeur de ses dogmes qui m'impressionnent, la pureté de sa morale qui me séduit et ses œuvres que j'admire. Je la trouve belle, consolante et pleine de promesses qui répondent à toutes les aspirations de ma conscience et de ma raison; je ne lui en demande pas davantage; mais, avant tout et de quelque côté qu'elle vienne, je hais l'intolérance!

Toulouse, Imp. DOULADOURE-PRIVAT, rue St-Rome, 39. — 328

www.ingramcontent.com/pod-product-compliance
Lightning Source LLC
Chambersburg PA
CBHW050017100426
42739CB00011B/2682